POETICS OF MUSIC

The Charles Eliot Norton Lectures for 1939–1940

Drawing of Stravinsky by Picasso, 1920.

POETICS OF MUSIC

in the Form of Six Lessons

Igor Stravinsky

English translation by
Arthur Knodel and Ingolf Dahl

Preface by George Seferis

HARVARD UNIVERSITY PRESS

Cambridge, Massachusetts

1970

PREFACE TO A NEW EDITION OF THE POETICS OF MUSIC

George Seferis

IF I could freely choose where I should like to have been in the academic year 1939–40, my choice would be a place in the youthful audience of Igor Stravinsky at Harvard College. Perhaps I have inherited something from the tradition of the old medieval guilds. It is in that spirit — of an artisan of a bygone age — that I understand Stravinsky when, praising "Bach's incomparable instrumental writing," he notes that one can smell the resin of his violins and taste the reeds of his oboes.[1] And in this same spirit I venture to say that the precepts of renowned masters may carry as much weight as their creations.

Since his time at Harvard important pages have been added to the corpus of texts dealing with the life and works of the great composer. I have in mind his "Conversations" with Robert Craft, who is performing for Stravinsky the service that the young Eckermann did for Goethe. Even so, I must at once insist that just as the Harvard *Lessons* did not supersede such books as the *Chroniques de ma vie* (Paris 1935), so the *Lessons* are complemented, not outmoded, by the thoughts on music and the recollections that have since been given to us.

These six lectures were delivered in French under the title *Poétique musicale sous forme de six leçons* and belong to the distinguished series of Charles Eliot Norton Lectures on Poetry at Harvard University. The original text has long been out of print and unobtainable. And only now, in the present edition,

1. Igor Stravinsky and Robert Craft, *Conversations with Igor Stravinsky* (Doubleday: New York, 1959), p. 31.

does it at last appear with the English translation on facing pages. This is a real advantage, since in the thought of a Stravinsky even the least nuance is significant.

Stravinsky tells us how grateful he was, French not being his native language,[2] that he could check the draft of his text with his friend Paul Valéry. It is a charming picture, this collaboration of two devotees of precision. Equally charming, and instructive, is this other detail that the musician gives us: "Even now, a half-century since I left the Russian-speaking world, I still think in Russian, and speak other languages in translation."[3] It is difficult, I think, for Babel to fit into a soul that is striving for unity.[4]

Stravinsky at Harvard makes me think of Paul Valéry. When I was a student in Paris, around 1922, Valéry meant a great deal to me. And later on, when people my seniors who had known him spoke to me about him I was always moved: they all loved him. I shall never forget one autumn evening in the tiny office of T. S. Eliot at Faber and Faber's the voice of the poet of the *Quartets* ending our conversation about Valéry: "He was so intelligent that he had no ambition at all."

And now, as I pen this simple tribute to a musician of our time whom all my life I have regarded with devotion, I recall the phrase in one of Valéry's letters: " . . . en matière musicale les mots du métier ne me disent rien que de vague ou d'intimidant." I share this feeling and I was very hesitant to agree to write even these few words. And my hesitation was reinforced by Stravinsky's own observation: "How misleading are all literary descriptions of musical form."[5] Indeed yes, and it is not

2. Igor Stravinsky and Robert Craft, *Memoirs and Commentaries* (Faber and Faber: London, 1960), p. 74.

3. Igor Stravinsky and Robert Craft, *Expositions and Development* (Faber and Faber: London, 1962), p. 18.

4. Igor Stravinsky, *Poetics of Music* (Harvard University Press: Cambridge, Mass., 1970), p. 43.

5. *Conversations with Igor Stravinsky*, p. 17.

a question simply of music. Generally, I think, it is misleading to transfer a given artistic expression from the medium which gave birth to it to some other which will, inevitably, be alien. I give an example.

We are all familiar with the episode related in Book II of the *Aeneid*, the episode in which the serpents strangle Laocoön and his sons. It would, I fear, be difficult to maintain that either El Greco's painting of the scene (which we admire in the National Gallery in Washington) or the famous Rhodian statue conveys exactly, without misleading, the expression of Virgil's verses. And one could say the same of Stéphane Mallarmé's *Après-midi d'un faune* and Debussy's superb musical setting of the poem. Each art has its own medium, that material which the artist's creative manipulation suddenly and unexpectedly makes more sensitive — molds it into a form different from the way we see it in everyday life. This is a clarification that I feel obliged to make and at the same time it implies a distinction between the use of words as the medium of poetry and the use of words for didactic or explanatory purposes. It is this latter use that one marvels at in Stravinsky, both in his Harvard lectures and in the choice pages with which from time to time he favors us.

Nevertheless, for Stravinsky's most profound expression (and I use the word in an absolute sense) it is not in the realm of words that we must search but in the realm of sound. There he has transfused his whole self, there he has made his mark as a great master of music, a figure comparable in stature to that other pillar of our age, Pablo Picasso. Their works, the expression of these two men, have set their seal on our time, but if one is to find the catharsis, the deliverance, that they offer us it is to the works themselves that we must go, not to intermediary words, the countless words that have been written about them.

I once observed, perhaps in a carefree moment of exaggeration, that even if the language we speak were reduced to a single

word the good poet would still be readily distinguished from the poet of lesser talent. Thus I found food for thought in the passage that Stravinsky at the end of the *Lessons* ascribes to the Areopagite: "The greater the dignity of the angels in the celestial hierarchy," says the Saint, "the fewer words they use; so that the most elevated of all pronounces only a single syllable." [6]

A word, a syllable, a single sound. The goal that one strives for but never attains. Yet the road traveled, the long blind way that we easily lose and only with great toil find again, this is what touches us to the quick in the life of the creative artist.

I am grateful to these few lines because they have given me the occasion this past month to hear again — in recordings — a large part of Stravinsky's work and to read his Conversations. In one of these, an interview that reached me just at the right time,[7] he speaks of the last quartets of Beethoven and says: "The quartets are a charter of human rights," and, again, "A high concept of freedom is embodied in the quartets." This view, I must confess, caused me some malaise. And then, suddenly, I thought of the basic significance that time has for music and for Stravinsky himself: witness the phrase where he speaks of the "natural respiration" of music, his affirmation that "pulsation is the reality of music." [8] At the same moment there flashed into my mind a quartet that has become part of my life and that I have listened to countless times, Opus 132, especially the third movement ("molto adagio") his "Hymn of Thanksgiving in the Lydian mode." Then at last I felt that I saw clearly what Stravinsky meant: music (as he taught us in the second *Lesson*) is the art of time; and also, I reflected, our human bodies are subject to time, this tortured humanity that continually yearns

6. *Poetics of Music*, p. 185.

7. Igor Stravinsky, "Where is thy sting?", *The New York Review of Books*, 12:4 (April 24, 1969); reprinted in Igor Stravinsky and Robert Craft, *Retrospectives and Conclusions* (Knopf: New York, 1969).
12:4 (April 24, 1969).

8. *Memoirs and Commentaries*, p. 113.

to breathe freely in the radiance of health. Here Mallarmé's "l'ennui de fournir du bavardage" made me halt.

One note more. Out of the rich harvest of facts and gestures of Igor Stravinsky that Robert Craft offers us, one in particular sticks in my mind. Craft remarks: "I have noticed that you always sleep with a light on; do you remember the origin of this need?" Stravinsky replies: "I am able to sleep at night only when a ray of light enters my room from a closet or adjoining chamber . . . The light I still seek to be reminded of must have come . . . from the street lamp outside my window on the Krukov Canal . . . Whatever it was, however . . . this umbilical cord of illumination still enables me at seventy-eight, to re-enter the world of safety and enclosure I knew at seven or eight." [9]

I marvel to hear this from a man who declares bluntly: "I do not like to remember my childhood." [10]

Just the same, that dim but persistent light which first shone from a street lamp of old St. Petersburg and decade after decade, long after its original source must have been extinguished, continued — like the light of a burnt-out star — to illumine his sleep and to provide him the security of childhood.

Last year Stravinsky said: "But I know I have more music in me, nevertheless. And I must give; I cannot live a purely receiving life." [11] God grant him many years to come! And may that gleam from the nocturnal Krukov Canal still attend his fruitful dreams!

Athens, May 1969

9. *Expositions and Development*, p. 13.
10. *Memoirs and Conversations*, p. 24.
11. Igor Stravinsky, "Side Effects: An Interview," *The New York Review of Books*, 10:8 (March 14, 1968); reprinted in Igor Stravinsky and Robert Craft, *Retrospectives and Conclusions* (Knopf: New York, 1969).

TABLE DES MATIÈRES

CONTENTS

POETICS OF MUSIC

POÉTIQUE MUSICALE

PRISE DE CONTACT

JE CONSIDÈRE comme un grand honneur d'occuper aujourd'hui la chaire de poétique Charles Eliot Norton, et il m'est agréable avant tout de remercier le Comité qui a bien voulu m'inviter à prendre la parole devant les étudiants de l'Université d'Harvard.

Je ne puis vous cacher ma joie de m'adresser pour la première fois à un auditoire qui veut prendre la peine d'écouter et d'apprendre avant de juger.

Je me suis produit jusqu'à présent devant ces collectivités humaines qui composent ce qu'on appelle le public, sur les estrades des concerts et dans les salles de théâtre; mais jamais, jusqu'à ce jour, je ne m'étais adressé à un studieux auditoire. En cette qualité qui vous rend certainement désireux d'acquérir des notions solides sur les matières qui vous sont proposées, vous ne serez pas surpris si je vous préviens que la matière dont je vais vous entretenir est sérieuse — plus sérieuse qu'on ne le pense généralement. Vous ne serez pas effrayé de sa densité, de son poids spécifique. Je ne songe pas à vous en accabler . . . , mais il est difficile de parler musique en s'attachant seulement à ses réalités substantielles: et je penserais la trahir en en faisant le sujet d'une dissertation à bâtons rompus, émaillée d'anecdotes et de digressions plaisantes.

Je n'oublierai pas que j'occupe une chaire de *poétique* et ce n'est un secret pour aucun de vous que poétique, au sens propre, veut dire étude de l'œuvre à faire. Le verbe ποιεῖν dont il provient, ne signifie pas autre chose que faire (to make). La poétique des philosophes de l'Antiquité ne comportait pas de

FIRST LESSON

GETTING ACQUAINTED

I CONSIDER it a great honor to occupy the Charles Eliot Norton chair of poetics today, and I take particular pleasure in thanking the Committee that has so kindly invited me to address the students of Harvard University.

I cannot conceal from you how happy I am to be speaking for the first time to an audience that is willing to take the trouble of listening and learning before judging.

Up to the present I have appeared on the concert platform and in theater halls before those agglomerations of people that make up what we call the public. But never until today have I addressed an audience of students. As students, undoubtedly eager to acquire solid information about matters that are presented to you, you will not be surprised if I warn you that the particular matter I am going to discuss with you is serious — more serious than is generally thought. I hope you will not be frightened by its density, by its specific gravity. I have no intention of overwhelming you . . . but it is difficult to talk about music if one considers only its material realities; and I should feel I were betraying music if I made it the subject of a dissertation hastily thrown together, sprinkled with anecdotes and amusing digressions.

I shall not forget that I occupy a chair of *poetics*. And it is no secret to any of you that the exact meaning of poetics is the study of work to be done. The verb *poiein* from which the word is derived means nothing else but *to do* or *make*. The poetics of the classical philosophers did not consist of lyrical dissertations about natural

dissertations lyriques sur le talent naturel et sur l'essence de la beauté. Le même mot τεχνή englobait pour eux les beaux-arts et les arts utiles, et s'appliquait à la science et à l'étude des règles certaines et déterminées du métier. C'est ainsi que la *poétique* d'Aristote suggère constamment les idées de travail personnel, d'agencement et de structure.

Je vais précisément vous parler de la poétique musicale, c'est-à-dire du *faire* dans l'ordre de la musique. C'est assez dire que nous ne prendrons pas la musique pour prétexte à d'aimables rêveries. Je sens trop, en ce qui me concerne, la responsabilité qui m'incombe, pour ne pas prendre ma tâche au sérieux.

Si donc j'estime à son prix l'avantage de parler devant vous, qui êtes ici pour étudier et pour prendre de moi ce que je suis peut-être capable de vous donner, vous aurez en revanche, je l'espère, l'avantage d'être vraiment les témoins d'une suite de confessions musicales.

Ce ne seront pas, rassurez-vous, des confessions à la manière de Jean-Jacques Rousseau, encore moins à la manière des modernes psychanalystes, lesquels, sous un appareil pseudo-scientifique, n'opèrent qu'une misérable profanation des valeurs authentiques de l'homme et de ses facultés psychologiques et créatrices.

Je voudrais situer mon système de confessions entre un cours *académique* (je retiens votre attention sur ce terme, car je pense y revenir au cours de mes leçons) et ce qu'on pourrait appeler une *apologie* de mes propres idées générales. J'emploie le mot apologie, non dans le sens courant, qui veut dire éloge, mais dans le sens d'une justification et d'une défense de mes idées et de mes vues personnelles. C'est dire qu'il s'agit au fond de confidences dogmatiques.

Je sais bien que les mots *dogme, dogmatique* ne manquent jamais, pour peu qu'on les applique à l'ordre esthétique, voire à l'ordre spirituel, de heurter — de choquer — certains esprits plus riches de sincérité que forts de certitudes. Je n'en insiste

talent and about the essence of beauty. For them the single word *techné* embraced both the fine arts and the useful arts and was applied to the knowledge and study of the certain and inevitable rules of the craft. That is why Aristotle's *Poetics* constantly suggests ideas regarding personal work, arrangement of materials, and structure. The poetics of music is exactly what I am going to talk to you about; that is to say, I shall talk about *making* in the field of music. Suffice it to say that we shall not use music as a pretext for pleasant fancies. For myself, I am too much aware of the responsibility incumbent upon me not to take my task seriously.

So if I greatly prize the advantage I have in speaking before you who are here to study and to get from me whatever I may be capable of giving, you, in return, will, I hope, enjoy the advantage of actually being witnesses of a series of musical confessions.

Do not be alarmed. They will not be confessions of the Jean Jacques Rousseau sort, and even less of the psychoanalytic sort which, under a pseudo-scientific guise, merely effect a sad profanation of man's real values and of his psychological and creative faculties.

I should like to place my plan of confessions midway between an *academic* course (and may I call your attention to this term, because I shall refer to it again in the course of my lessons) and what one might call an *apology* for my own general ideas. I use the word apology not in its current French sense, where it means eulogy, but in the sense of a justification and defense of my ideas and personal views. In fine, all this means that I shall be giving you dogmatic confidences.

I am fully aware that the words *dogma* and *dogmatic*, however sparingly one may apply them to aesthetic matters or even to spiritual matters, never fail to offend — even to shock — certain mentalities richer in sincerity than they are strong in certitudes. For that

que davantage pour vous faire accepter ces termes dans toute l'étendue de leur sens légitime, en vous conseillant de leur faire crédit et de vous familiariser avec eux, et j'espère que vous finirez par y prendre goût. Si je parle du sens légitime de ces termes, c'est afin de mettre l'accent sur l'emploi naturel et normal de l'élément dogmatique dans le domaine de toute activité où il devient catégorique et vraiment essentiel.

En effet, nous ne pouvons prendre connaissance du phénomène créateur indépendamment de la forme qui manifeste son existence. Or chaque processus formel découle d'un principe, et l'étude de ce principe requiert précisément ce que nous appelons le dogme. Autrement dit, le besoin que nous avons de faire prévaloir l'ordre sur le chaos, de dégager la droite ligne de notre opération de l'enchevêtrement des possibles et de l'indécision des idées suppose la nécessité d'un dogmatisme. Je n'emploie donc ces mots que pour autant qu'ils désignent un élément essentiel, propre à sauvegarder la rectitude de l'art et de l'esprit, en affirmant qu'ils n'usurpent point ici leur fonction.

Le fait même de recourir à ce que nous appelons *l'ordre*, cet ordre qui nous permet de dogmatiser dans l'espèce que nous traitons, ne nous entraîne pas seulement à y prendre goût: il nous incite à placer notre propre activité créatrice sous l'égide de ce dogmatisme. C'est pourquoi je suis désireux de vous le voir accepter.

Tout au long de mon cours, et à tout propos, je ferai appel à votre sens et à votre goût de l'ordre et de la discipline, lesquels, nourris, informés et soutenus par des notions positives, forment la base de ce qu'on appelle le dogme.

Pour l'instant, afin de vous guider dans l'ordre de vos futures études, je dois vous avertir que mon cours doit se borner à l'exposé de thèses pour une explication de la musique en forme de leçons. Pourquoi employé-je le mot *explication*? Et pourquoi parlé-je précisément d'*une* explication? Parce que tout ce que j'ai dessein de vous dire ne constituera pas l'exposé

very reason I insist all the more that you accept these terms to the full extent of their legitimate meaning, and I would advise you to recognize their validity, to become familiar with them; and hope that you will come to develop a taste for them. If I speak of the legitimate meaning of these terms, it is to emphasize the normal and natural use of the dogmatic element in any field of activity in which it becomes categorical and truly essential.

In fact, we cannot observe the creative phenomenon independently of the form in which it is made manifest. Every formal process proceeds from a principle, and the study of this principle requires precisely what we call dogma. In other words, the need that we feel to bring order out of chaos, to extricate the straight line of our operation from the tangle of possibilities and from the indecision of vague thoughts, presupposes the necessity of some sort of dogmatism. I use the words *dogma* and *dogmatic*, then, only insofar as they designate an element essential to safeguarding the integrity of art and mind, and I maintain that in this context they do not usurp their function.

The very fact that we have recourse to what we call *order* — that order which permits us to dogmatize in the field we are considering — not only develops our taste for dogmatism: it incites us to place our own creative activity under the aegis of dogmatism. That is why I should like to see you accept the term.

Throughout my course and on every hand I shall call upon your feeling and your taste for order and discipline. For they — fed, informed, and sustained by positive concepts — form the basis of what is called dogma.

For the moment, to guide you in the organization of your future studies, I must advise you that my course is to be limited to the development of theses that will constitute an explanation of music in lesson form. Why do I use the word *explanation*? And just why do I speak of *an* explanation? Because what I intend to say to you will not constitute an impersonal exposition of general data, but

impersonnel de données générales, mais une explication de la musique telle que je la conçois, et qui n'en sera pas moins objective pour être le fruit de mon expérience propre et de mes observations personnelles.

Le fait que j'ai éprouvé par moi-même la valeur et l'efficacité d'une telle explication me persuade, et vous garantit, que ce n'est pas un ensemble d'opinions que je vous propose, mais une somme de constatations que je vous soumets, et qui, faites par moi-même, n'en sont pas moins valables pour d'autres que moi.

Il ne s'agit donc pas de mes sentiments et de mes goûts particuliers: il ne s'agit pas d'une théorie de la musique projetée à travers le prisme subjectiviste. Mes expériences et mes recherches sont tout objectives, et mes introspections ne m'ont conduit à m'interroger moi-même qu'afin d'en tirer du concret.

Ces idées que je développe, ces causes que je défends et que je suis amené à défendre d'une façon systématique devant vous ont servi et continueront toujours à servir de base à la création musicale, précisément parce qu'elles sont établies sur le plan de la réalité concrète. Et si vous voulez bien attribuer une importance, si minime soit-elle, à ma création, qui est le fruit de ma conscience et de ma foi, veuillez alors faire crédit aux concepts spéculatifs qui ont engendré mon œuvre et qui se sont développés simultanément avec elle.

Expliquer — du latin *explicare*, déployer, développer — c'est décrire une chose; c'est découvrir sa genèse; c'est constater le rapport que les choses ont entre elles, c'est tâcher de les éclairer. Vous expliquer à vous, c'est aussi pour moi m'expliquer à moi-même et m'efforcer de mettre au point des choses déplacées ou subverties par l'ignorance et la malveillance qu'on voit toujours unies par un lien mystérieux dans la plupart des jugements que nous voyons porter sur les arts. L'ignorance et la malveillance sont liées par la même racine, et la seconde bénéficie sourdement des avantages qu'elle tire de la première. Je ne sais laquelle est la plus odieuse. De soi, l'ignorance n'est

will be an explanation of music as I conceive it. Nor will this explanation be any the less objective for being the fruit of my own experience and my personal observations.

The fact that the value and efficacy of such an explanation have been tested in my own experience convinces me — and guarantees you — that I am not offering you a mass of mere opinions, but rather that I am submitting to you a body of findings which, though made by me, are none the less just as valid for others as for myself.

Thus, it is not a question of my private feelings and tastes; nor is it a question of a theory of music projected through a subjective prism. My experiences and investigations are entirely objective, and my introspections have led me to question myself only that I might derive something concrete from them.

These ideas that I am developing, these causes that I am defending and that I have been brought before you to defend in a systematic fashion, have served and will continue to serve as the basis for musical creation precisely because they have been developed in actual practice. And if you attribute any importance, however slight, to my creative work — which is the fruit of my conscience and my faith — then please give credit to the speculative concepts that have engendered my work and that have developed along with it.

To explain — or, in French, to explicate, from the Latin *explicare*, to unfold, to develop — is to describe something, to discover its genesis, to note the relationship of things to each other, to seek to throw light upon them. To explain myself to you is also to explain myself to myself and to be obliged to clear up matters that are distorted or betrayed by the ignorance and malevolence that one always finds united by some mysterious bond in most of the judgments that are passed upon the arts. Ignorance and malevolence are united in a single root; the latter benefits surreptitiously from the advantages it draws from the former. I do not know which is the more hateful.

sans doute pas un crime. Elle commence à devenir suspecte quand elle plaide la sincérité; car la sincérité, comme disait Rémy de Gourmont, est à peine une explication — ce n'est jamais une excuse. Et la malveillance ne manque jamais de se réclamer de l'ignorance comme d'une circonstance atténuante.

On admettra aisément que cette obscure collusion de "l'ignorance, de l'infirmité et de la malice," pour user du langage de la théologie, justifie la légitimité d'une riposte, d'une défense loyale et vigoureuse. C'est en ce sens que nous entendons la polémique.

Je suis donc obligé de faire de la polémique. Premièrement en raison de la subversion des valeurs musicales que j'évoquais tout à l'heure, secondement pour la défense d'une cause qui peut paraître à première vue personnelle, mais qui ne l'est pas en réalité. Je m'explique sur ce second point: un hasard que je me plais à considérer comme heureux, a fait que ma personne et mon œuvre ont été marquées malgré moi d'un signe distinctif dès le début de ma carrière et ont joué le rôle d'un "réactif." Le contact de ce réactif avec la réalité musicale qui m'entoure, avec les milieux humains et le monde des idées, a provoqué des mouvements divers dont la violence n'eut d'égale que l'arbitraire. Il semble qu'on se soit trompé d'adresse. Mais, par delà mes œuvres ces réactions inconsidérées ont touché toute la musique et révélé la gravité d'un vice de jugement qui entachait toute la conscience musicale d'une époque et qui faussait toutes les idées, toutes les thèses et toutes les opinions portées sur une des plus hautes facultés de l'esprit — sur la musique en tant qu'art. N'oublions pas que *Pétrouchka*, le *Sacre du Printemps* et le *Rossignol* ont paru à une époque qui fut marquée par de profonds changements qui ont déplacé beaucoup de choses et troublé beaucoup d'esprits. Non que ces changements se soient opérés dans le domaine de l'esthétique ou sur le plan des modes d'expression (cette espèce de dérangement s'était produit à une époque antérieure, aux débuts de mon activité). Les changements dont je parle ont immédiate-

In itself ignorance is, of course, no crime. It begins to be suspect when it pleads sincerity; for sincerity, as Rémy de Gourmont said, is hardly an explanation and is never an excuse. And malevolence never fails to plead ignorance as an attenuating circumstance.

It will be readily granted that this shady collusion of "ignorance, infirmity, and malice" — to use the language of theology — justifies a rebuttal, a loyal and vigorous defense. That is how I understand the term "polemic."

So I am obliged to be polemical. First, in view of the subversion of musical values that I have just referred to and, secondly, in defense of a cause that may appear to be a personal one at first glance, but which in reality is not. Let me explain this second point: by some chance, which it pleases me to regard as a happy one, my person and my work have in spite of myself been stamped with a distinctive mark from the outset of my career and have played the part of a "reagent." The contact of this reagent with the musical reality around me, with human environments and the world of ideas, has provoked various reactions whose violence has been equalled only by arbitrariness. It seems that everyone had the wrong address. But above and beyond my own work, these unthinking reactions have affected music as a whole and revealed the seriousness of a flaw in judgment that vitiated the musical consciousness of a whole epoch and invalidated all ideas, theses, and opinions that were put forth concerning one of the highest faculties of the spirit — music as an art. Let us not forget that *Petrouchka*, the *Rite of Spring*, and the *Nightingale* appeared at a time characterized by profound changes that dislocated many things and troubled many minds. Not that these changes took place in the domain of aesthetics or on the level of modes of expression (that sort of upheaval had taken place at an earlier time, at the outset of my activities). The changes of which I speak effected a general revision of both the

11

ment porté sur une révision générale des valeurs de base et des éléments primordiaux de l'art musical.

Cette révision, esquissée au moment dont je vous parle, s'est poursuivie sans arrêt. Ce que je constate ici se prouve de soi-même et se lit clairement dans l'enchaînement des faits concrets et dans les évènements de la vie dont nous sommes les témoins.

Je sais bien qu'il existe un point de vue selon lequel les temps où parut le *Sacre* ont vu s'accomplir une révolution. Révolution dont les conquêtes seraient aujourd'hui en voie d'assimilation. Je m'inscris en faux contre cette opinion. J'estime que c'est à tort qu'on m'a considéré comme un révolutionnaire. Quand le *Sacre* a paru, bien des opinions ont été émises à son sujet. Dans le tumulte des opinions contradictoires, mon ami Maurice Ravel intervint presque seul pour mettre les choses au point. Il a su voir et il a dit que la nouveauté du *Sacre* ne résidait pas dans l'écriture, dans l'instrumentation, dans l'appareil technique de l'œuvre, mais dans l'entité musicale.

On m'a fait révolutionnaire malgré moi. Or, les poussées révolutionnaires ne sont jamais complètement spontanées. Il y a d'habiles gens qui font de la révolution en connaissance de cause. . . . Il faut se garder de se laisser abuser par ceux qui vous attribuent une intention qui n'est pas la vôtre. Pour moi, je n'entends jamais parler de révolution sans penser à l'entretien que G. K. Chesterton nous raconte qu'il eut, en débarquant en France, avec un cabaretier de Calais. Ce dernier se plaignait amèrement de la dureté de la vie et du manque croissant de liberté: "c'est bien la peine, concluait le cabaretier, d'avoir fait trois révolutions pour en revenir toujours au même point." Et Chesterton de lui faire remarquer qu'une révolution, au sens propre du terme, est le mouvement d'un mobile qui parcourt une courbe fermée et revient ainsi au point d'où il était parti. . . .

Le ton d'une œuvre comme le *Sacre* a pu paraître arrogant, le langage qu'elle parlait a pu sembler rude en sa nouveauté;

basic values and the primordial elements of the art of music.

This revision, first apparent at the time I just spoke of, has continued unabated ever since. What I am here stating is self-evident and is clearly to be read from the unfolding of concrete facts and daily events we are now witnessing.

I am well aware that there is a point of view that regards the period in which the *Rite of Spring* appeared as one that witnessed a revolution. A revolution whose conquests are said to be in the process of assimilation today. I deny the validity of that opinion. I hold that it was wrong to have considered me a revolutionary. When the *Rite* appeared, many opinions were advanced concerning it. In the tumult of contradictory opinions my friend Maurice Ravel intervened practically alone to set matters right. He was able to see, and he said, that the novelty of the *Rite* consisted, not in the "writing," not in the orchestration, not in the technical apparatus of the work, but in the musical entity.

I was made a revolutionary in spite of myself. Now, revolutionary outbreaks are never completely spontaneous. There are clever people who bring about revolutions with malice aforethought . . . It is always necessary to guard against being misrepresented by those who impute to you an intention that is not your own. For myself, I never hear anyone talk about revolution without thinking of the conversation that G. K. Chesterton tells us he had, on landing in France, with a Calais innkeeper. The innkeeper complained bitterly of the harshness of life and the increasing lack of freedom: " 'It's hardly worth while,' concluded the innkeeper, 'to have had three revolutions only to end up every time just where you started.' " Whereupon Chesterton pointed out to him that a revolution, in the true sense of the word, was the movement of an object in motion that described a closed curve, and thus always returned to the point from where it had started . . .

The tone of a work like the *Rite* may have appeared arrogant, the language that it spoke may have seemed harsh in its newness, but

cela n'implique nullement qu'elle soit révolutionnaire au sens le plus subversif du mot.

S'il suffit de rompre une habitude pour mériter de se voir taxer de révolutionnaire, tout musicien qui a quelque chose à dire, et qui sort, pour le dire, de la convention établie, devrait être réputé révolutionnaire. Pourquoi charger le dictionnaire des beaux-arts de ce terme ronflant qui désigne, dans son acception la plus habituelle un état de trouble et de violence, alors qu'il y a tant de mots plus propres à désigner l'originalité?

A vrai dire, je serais bien embarrassé de vous citer dans l'histoire de l'art un seul fait qui puisse être qualifié de révolutionnaire. L'art est constructif par essence. La révolution implique une rupture d'équilibre. Qui dit révolution dit chaos provisoire. Or l'art est le contraire du chaos. Il ne s'abandonne pas au chaos sans se voir immédiatement menacé dans ses œuvres vives, dans son existence même.

La qualité de révolutionnaire est généralement attribuée aux artistes, de nos jours, dans une intention laudative, sans doute parce que nous vivons en un temps où la révolution jouit d'une sorte de prestige auprès de l'élite d'avant-hier. Entendons-nous bien: je suis le premier à reconnaître que l'audace est le moteur des plus belles et des plus grandes actions; raison de plus pour ne pas la mettre inconsidérément au service du désordre et des appétits brutaux, avec la volonté de faire sensation à tout prix. J'approuve l'audace; je ne lui fixe pas de limites; mais il n'y a pas de limites non plus aux méfaits de l'arbitraire.

Si nous voulons jouir pleinement des conquêtes de l'audace, nous devons exiger qu'elle règne dans une lumière sans ombre. C'est travailler pour elle que de dénoncer les falsifications qui voudraient usurper sa place. L'outrance gratuite gâte toutes les matières; toutes les formes auxquelles elle s'applique. Elle émousse dans sa hâte les nouveautés les plus précieuses; elle corrompt en même temps le goût de ses adorateurs, ce qui explique que ce goût en vient rapidement à passer sans transi-

that in no way implies that it is revolutionary in the most subversive sense of the word.

If one only need break a habit to merit being labeled revolutionary, then every musician who has something to say and who in order to say it goes beyond the bounds of established convention would be known as revolutionary. Why burden the dictionary of the fine arts with this stertorous term, which designates in its most usual acceptation a state of turmoil and violence, when there are so many other words better adapted to designate originality?

In truth, I should be hard pressed to cite for you a single fact in the history of art that might be qualified as revolutionary. Art is by essence constructive. Revolution implies a disruption of equilibrium. To speak of revolution is to speak of a temporary chaos. Now art is the contrary of chaos. It never gives itself up to chaos without immediately finding its living works, its very existence, threatened.

The quality of being revolutionary is generally attributed to artists in our day with a laudatory intent, undoubtedly because we are living in a period when revolution enjoys a kind of prestige among yesterday's elite. Let us understand each other: I am the first to recognize that daring is the motive force of the finest and greatest acts; which is all the more reason for not putting it unthinkingly at the service of disorder and base cravings in a desire to cause sensation at any price. I approve of daring; I set no limits to it. But likewise there are no limits to the mischief wrought by arbitrary acts.

To enjoy to the full the conquests of daring, we must demand that it operate in a pitiless light. We are working in its favor when we denounce the false wares that would usurp its place. Gratuitous excess spoils every substance, every form that it touches. In its blundering it impairs the effectiveness of the most valuable discoveries and at the same time corrupts the taste of its devotees — which explains why their taste often plunges without transition from the

tion des complications les plus folles aux banalités les plus plates.

Un complexe musical, si rude soit-il, est légitime dans la mesure où il se révèle authentique. Mais, pour reconnaître les valeurs authentiques au milieu des excès du factice, il faut être doué d'un flair que notre snobisme hait d'autant plus vivement qu'il en est lui-même dépourvu.

Nos élites d'avant-garde, vouées à une perpétuelle surenchère, attendent et exigent de la musique qu'elle satisfasse leur goût des cacophonies absurdes.

Je dis *cacophonie* sans craindre de me voir mis dans les rangs des vieux pompiers, parmi les *laudatores temporis acti*. Et j'ai conscience, en employant ce mot, de ne pas faire le moins du monde marche arrière. Ma position à cet égard est exactement la même qu'aux temps où je composais le *Sacre* et où l'on se plaisait à me faire passer pour révolutionnaire. Aujourd'hui comme hier, je me défie de la fausse monnaie et me garde de la prendre pour argent comptant. Cacophonie veut dire mauvais son, marchandise illégale, musique incoordonnée qui ne résiste pas à une critique sérieuse. Quelque opinion que l'on professe sur la musique d'Arnold Schönberg (pour prendre exemple d'un compositeur qui évolue sur un plan essentiellement différent du mien, tant par l'esthétique que par la technique) dont les œuvres ont souvent provoqué des réactions violentes ou des sourires ironiques, il est impossible à un esprit honnête et pourvu d'une réelle culture musicale de ne pas sentir que le compositeur de *Pierrot lunaire* est exactement conscient de ce qu'il fait et qu'il ne trompe personne. Il a adopté le système musical qui lui convenait et dans ce système, il est parfaitement logique avec lui-même et parfaitement cohérent. On n'est pas quitte envers une musique qui vous déplaît en la baptisant cacophonie.

Toute aussi dégradante est la vanité des snobs qui se targuent d'une familiarité honteuse avec le monde de l'incompréhensible, et qui s'avouent heureux de se trouver en bonne compagnie. Ce

16

wildest complications to the flattest banalities.

A musical complex, however harsh it may be, is legitimate to the extent to which it is genuine. But to recognize genuine values in the midst of the excesses of sham one must be gifted with a sure instinct that our snobs hate all the more intensely for being themselves completely deprived thereof.

Our vanguard elite, sworn perpetually to outdo itself, expects and requires that music should satisfy the taste for absurd cacophony.

I say *cacophony* without fear of being classed with the ranks of conventional *pompiers*, the *laudatores temporis acti*. And in using the word I am certain I am not in the least reversing myself. My position in this regard is exactly the same as it was at the time when I composed the *Rite* and when people saw fit to call me a revolutionary. Today, just as in the past, I am on my guard against counterfeit money and take care not to accept it for the true coin of the realm. Cacophony means bad sound, contraband merchandise, uncoordinated music that will not stand up under serious criticism. Whatever opinion one may hold about the music of Arnold Schoenberg (to take as an example a composer evolving along lines essentially different from mine, both aesthetically and technically), whose works have frequently given rise to violent reactions or ironic smiles — it is impossible for a self-respecting mind equipped with genuine musical culture not to feel that the composer of *Pierrot Lunaire* is fully aware of what he is doing and that he is not trying to deceive anyone. He adopted the musical system that suited his needs and, within this system, he is perfectly consistent with himself, perfectly coherent. One cannot dismiss music that he dislikes by labeling it cacophony.

Equally degrading is the vanity of snobs who boast of an embarrassing familiarity with the world of the incomprehensible and who delightedly confess that they find themselves in good company. It is

n'est pas la musique qu'ils recherchent, mais l'effet de choc, la sensation qui trouble l'entendement.

J'avoue donc que je suis complètement insensible au prestige de la révolution. Tous les bruits qu'elle peut faire n'éveillent en moi aucun écho. Car la révolution est une chose et la nouveauté en est une autre. Même quand elle ne se présente pas sous une forme outrancière, la nouveauté n'est pas toujours reconnue par ses contemporains. Permettez-moi d'en prendre pour exemple l'œuvre d'un compositeur que je choisis tout exprès parce que sa musique, dont les qualités sont clairement reconnues depuis longtemps, est devenue si universellement populaire que les orgues de Barbarie s'en sont couramment emparées.

J'ai nommé Charles Gounod. Ne soyez pas surpris que je m'attarde un instant à Gounod. Ce n'est pas tant l'auteur de *Faust* qui me retient, que l'exemple qu'il nous fournit d'une œuvre dont les vertus les plus évidentes ont été méconnues dans leur nouveauté par ceux-là mêmes dont la mission est d'être exactement informés des réalités qu'ils ont à juger.

Prenons *Faust*. Les premiers critiques de cet opéra fameux refusèrent de reconnaître à Gounod cette invention mélodique qui nous paraît aujourd'hui la caractéristique dominante de son talent. Ils allèrent même jusqu'à lui contester le don mélodique. Ils voyaient en Gounod "un symphoniste égaré au théâtre," un "musicien sévère," selon leurs propres termes et, bien entendu, plus "savant" qu'"inspiré." Ils lui reprochèrent naturellement "de mettre l'effet non dans les voix, mais dans l'orchestre."

En 1862, trois ans après la première représentation de *Faust*, la *Gazette musicale* de Paris déclarait tout net que *Faust*, dans son ensemble, "n'était pas l'œuvre d'un mélodiste." Quant au fameux Scudo, de qui l'opinion faisait loi dans la *Revue des Deux-Mondes*, il produisit la même année ce chef d'œuvre historique, que je m'en voudrais de ne pas vous citer intégralement. "M. Gounod a le malheur d'admirer certaines parties

not music they seek, but rather the effect of shock, the sensation that befuddles understanding.

So I confess that I am completely insensitive to the prestige of revolution. All the noise it may make will not call forth the slightest echo in me. For revolution is one thing, innovation another. And even innovation, when not presented in an excessive form, is not always recognized by its contemporaries. Let me take as an example the work of a composer whom I choose purposely because his music, the qualities of which have long been clearly recognized, has become so universally popular that barrel-organs everywhere have made it their own.

I am speaking of Charles Gounod. Don't be surprised at my lingering over Gounod for a moment. It is not so much the composer of *Faust* who holds my attention as it is the example that Gounod offers us of a work whose most obvious merits were misunderstood when they were still new by the very people whose mission it is to be exactly informed about the realities they have to judge.

Take *Faust*. The first critics of this famous opera refused to acknowledge in Gounod the melodic inventiveness that today seems to us the dominant trait of his talent. They even went so far as to question whether he had any melodic gift at all. They saw in Gounod "a symphonist astray in the theater," a "severe musician," to use their own terms, and, of course, more "learned" than "inspired." Naturally, they reproached him with having "achieved his effects not through the voices, but through the orchestra."

In 1862, three years after the first performances of *Faust*, the *Gazette musicale* of Paris declared quite flatly that *Faust*, as a whole, "was not the work of a melodist." As for the famous Scudo whose word was law for the *Revue des Deux-Mondes*, this Scudo in the same year turned out the following historical masterpiece, which I should never forgive myself for not quoting to you in full. "Monsieur Gounod, to his misfortune, admires certain outmoded portions

altérées des derniers quatuors de Beethoven. C'est la source troublée d'où sont sortis les mauvais musiciens de l'Allemagne moderne, les Liszt, les Wagner, les Schumann, sans omettre Mendelssohn pour certaines parties équivoques de son style. Si M. Gounod a réellement épousé la doctrine de la mélodie continue, de la mélodie de la forêt vierge et du soleil couchant qui fait le charme du *Tannhäuser* et du *Lohengrin*, mélodie que l'on peut comparer à la lettre d'Arlequin: 'pour les points et les virgules, je ne m'en occupe pas, je vous laisse la liberté de les placer où vous voudrez,' M. Gounod dans cette supposition que j'aime à croire impossible, serait irrévocablement perdu."
Il n'y eut pas jusqu'aux Allemands qui ne donnèrent à leur façon raison à l'aimable Scudo. On pouvait lire en effet dans les *Münchener neueste Nachrichten* que Gounod n'était pas Français, mais Belge et que sa composition ne porte pas le caractère des écoles française ou italienne modernes, mais bien celui de l'école allemande dans laquelle il a été élevé et s'est développé.

Comme la littérature qui se développe autour de la musique n'a pas changé de caractère depuis soixante-dix ans, et puisque si la musique se transforme sans cesse, les fins de non recevoir qu'on lui oppose ne se transforment pas, il faut bien que nous nous entraînions à la riposte.

Je vais donc faire de la polémique. Je n'ai pas peur de l'avouer. Non pour me défendre moi-même, mais pour défendre ici par des mots la musique et ses principes, comme je le fais d'une autre façon par mes œuvres.

Permettez-moi maintenant de vous exposer l'ordonnance de mon cours. Il sera divisé en six leçons dont je veux que chacune porte un titre.

Celle que je viens de vous exposer n'est, comme vous le voyez, qu'une *prise de contact*. J'ai essayé de résumer, dans cette première leçon les principes directeurs de mes cours. Vous savez que vous allez entendre des confessions musicales, et le

of Beethoven's last quartets. They constitute the muddied well-spring from which issue the bad musicians of modern Germany: the Liszts, the Wagners, the Schumanns and even Mendelssohn in certain questionable aspects of his style. If Monsieur Gounod has really made his own the doctrine of continuous melody, of the melody of the virgin forest and of the setting sun, that constitutes the charm of *Tannhäuser* and of *Lohengrin,* a melody that may be compared to Harlequin's letter: "as for periods and commas, I don't give them a thought, I leave it to you to put them wherever you wish" — Monsieur Gounod in that case, which I should like to believe impossible, will be irrevocably lost."

But even the Germans corroborated the good Scudo after their fashion. As a matter of fact, one could read in the *Münchener neueste Nachrichten* that Gounod wasn't French, but Belgian, and that his compositions did not bear the stamp of the contemporary French and Italian schools but precisely that of the German school in which he had been educated and formed.

Since the literature that springs up on every side of music has not changed in the last seventy years and since, while music is constantly changing, the commentators who refuse to take note of these transformations do not themselves change — we must naturally take up cudgels.

Therefore, I am going to be polemical. I am not afraid to admit this. I shall be polemical not in my own defense, but in order to defend in words all music and its principles, just as I defended them in a different way with my compositions.

And now let me explain to you how my course is organized. It will be divided into six lessons, each of which shall have a separate title.

The lesson that I have just presented to you, as you can readily see, is only a means of our *getting acquainted* with one another. In this first lesson I have tried to summarize the guiding principles of my course. You know now that you are going to hear musical con-

sens que j'attache à cette expression, dont le caractère apparemment subjectif est corrigé par ma volonté de donner à ces confidences un caractère nettement dogmatique.

Cette prise de contact, opérée sous le signe austère de l'ordre et de la discipline, ne doit pas vous effrayer, puisque mes cours ne se limiteront pas à un exposé aride et impersonnel d'idées générales, mais comporteront une explication aussi vivante que possible telle que je l'entends. Explication de mon expérience personnelle fidèlement attachée aux valeurs concrètes.

Ma seconde leçon traitera du phénomène musical.

J'y laisserai de côté le problème insoluble des origines, pour ne m'attacher qu'au phénomène musical lui-même pour autant qu'il émane de l'homme intégral muni des ressources de ses sens et armé de son intellect. Nous étudierons ce phénomène musical en tant qu'élément de spéculation formé au moyen du son et du temps. Nous en tirerons la dialectique du processus créateur. Je vous parlerai à ce propos du principe de contraste et de similitude. La seconde partie de cette leçon sera consacrée aux éléments de la musique et à la morphologie.

La composition musicale fera l'objet de ma troisième leçon. Nous y traiterons les questions suivantes: qu'est-ce que la composition et qu'est-ce que le compositeur? Comment et dans quelle mesure le compositeur est-il un créateur? Ces considérations nous conduiront à étudier successivement les éléments formels du métier musical. A ce propos nous aurons à préciser les notions d'invention, d'imagination, d'inspiration; la culture et le goût; l'ordre comme règle et comme loi opposé au désordre; enfin l'opposition du royaume de la nécessité et du royaume de la liberté.

La quatrième leçon traitera de la typologie musicale étudiée en remontant le cours de l'histoire. La typologie suppose un travail de sélection qui présume une certaine méthode de discernement. Les analyses auxquelles cette méthode nous invite nous conduiront au problème du style et par là au jeu des

fessions, and you know what meaning I attach to that expression and how the apparently subjective character of the word is counteracted by my desire to give a clearly dogmatic character to these confidences.

Our introduction to each other under the stern auspices of order and discipline should not frighten you, since my course will not be limited to an arid and impersonal exposition of general ideas but will comprise as vital as possible an explanation of music as I understand it; an explanation of my personal experience, faithfully related to concrete values.

My second lesson will take up the phenomenon of music. I shall leave aside the insoluble problem of the origins of music in order to dwell upon the musical phenomenon in itself, insofar as it emanates from a complete and well-balanced human being endowed with the resources of his senses and armed with his intellect. We shall study the phenomenon of music as a form of speculation in terms of sound and time. We shall derive from this study the dialectics of the creative process. In this connection I shall speak to you of the principle of contrast and similarity. The second part of that lesson will be devoted to the elements and the morphology of music.

The composing of music will be the subject matter of my third lesson. In it we shall consider the following questions: What is composition, and what is the composer? Just how and to what degree is the composer a creator? These considerations will lead us to study one by one the formal elements of the craft of music. In this connection we shall have to make very explicit the concepts of invention, imagination, inspiration; of culture and taste; of order as rule and as law opposed to disorder; and finally the opposition of the realm of necessity to the realm of freedom.

The fourth lesson will take up musical typology studied through an inspection of its historical origins and development. Typology presupposes an act of selection which presumes a certain method of discrimination. The analyses which this method prompts us to make will bring us to the problem of style and beyond that to the

éléments formels dont l'enchaînement constitue ce qu'on pourrait appeler la biographie de la musique. Je passerai en revue, au cours de cette leçon, des questions très actuelles: celles qui touchent au public, au snobisme, au mécénat, à l'esprit bourgeois. Le modernisme et l'académisme et la question éternelle du classicisme et du romantisme.

La cinquième leçon sera entièrement consacrée à la musique russe. Je traiterai à ce propos du folklore et de la culture musicale russe; du plain-chant et de la musique sacrée et profane. Je parlerai aussi des italianismes, des germanismes et des orientalismes de la musique russe au XIXᵉ siècle. J'évoquerai les deux désordres des deux Russies — la conservatrice et la révolutionnaire. Je vous parlerai enfin du néo-folklorisme soviétique et de la dégradation des valeurs musicales.

La sixième et dernière leçon qui traitera de l'exécution m'amènera à décrire le phénomène musical spécifique. J'établirai ce qui distingue l'interprétation de l'exécution proprement dite, et je parlerai à ce propos des exécutants et de leurs auditeurs, de l'activité et de la passivité de l'auditoire ainsi que du problème si important du jugement ou de la critique. Mon épilogue tâchera de déterminer le sens profond de la musique et sa fin essentielle qui est de promouvoir une communion, une union de l'homme avec son prochain et avec l'Etre.

Comme vous le voyez, cette *explication* de la musique que je vais entreprendre pour vous et, je l'espère, avec vous, prendra la forme d'une synthèse, d'un système qui commencera par l'analyse du phénomène musical pour aboutir au problème de l'exécution de la musique. Vous noterez que je n'ai pas choisi en l'espèce la méthode la plus habituelle qui développe une thèse en allant du général au particulier. J'userai différemment. J'adopterai une espèce de parallélisme, une méthode de *synchronisation*, c'est-à-dire que j'unirai les principes généraux aux faits particuliers en les soutenant constamment les uns par les autres.

Car il faut savoir que ce n'est qu'en vertu d'une nécessité

play of formal elements, whose unfolding constitutes what might be called the biography of music. During the course of this lesson I shall examine a number of questions that vitally concern us today: those that involve the public, snobbery, patronage, and philistinism. Likewise modernism and academicism and the eternal question of classicism and romanticism.

The fifth lesson will be entirely devoted to Russian music. In connection with it I shall take up folklore and Russian musical culture; plainsong and music both sacred and profane. I shall also speak about the Italianism, Germanism, and orientalism of nineteenth century Russian music. I shall call to mind the two disorders of the two Russias — the conservative and the revolutionary disorders. Finally, I shall speak to you about the neo-folklorism of the Soviets and of the degrading of musical values.

The sixth and last lesson, which will take up actual performance, will lead me to a description of the physical phenomenon of music. I shall establish the elements that distinguish interpretation from execution properly speaking, and in this regard I shall also speak of performers and their listeners, of the activity and passivity of the audience as well as of the all-important problem of judgment or criticism. My epilogue will seek to determine the profound meaning of music and its essential aim, which is to promote a communion, a union of man with his fellow-man and with the Supreme Being.

As you see, this *explanation* of music that I am going to undertake for you and, I hope, with you, will assume the form of a synthesis, of a system that will begin with an analysis of the phenomenon of music and terminate with the problem of the performing of music. You will note that I have not chosen the method most frequently applied in syntheses of this sort: the method which develops a thesis by proceeding from the general to the particular. I shall go about it differently. I shall adopt a sort of parallelism, a method of *synchronization*; that is, I shall link up general principles with particular facts, constantly supporting the one with the other.

For it should be recognized that it is only by reason of a practical

pratique que nous sommes obligés de discriminer les choses en les rangeant dans des catégories purement conventionnelles telles que "primaire-secondaire" et "principal-subordonné," et mon intention n'est pas de séparer les éléments qui nous occupent, mais de les distinguer sans les désunir.

La vraie hiérarchie des phénomènes, comme la vraie hiérarchie des rapports, s'incarne et prend forme sur un tout autre plan que le plan des classifications conventionnelles.

Permettez-moi de nourrir l'espoir que l'éclaircissement de cette thèse sera l'un des résultats, si désirés par moi, de mon cours.

necessity that we are obliged to differentiate things by arranging them in purely conventional categories such as "primary and secondary," "principal and subordinate." Besides, my aim is not to separate the elements that concern us, but to single them out without disuniting them.

The true hierarchy of phenomena, as well as the true hierarchy of relationships, takes on substance and form on a plane entirely apart from that of conventional classifications.

Let me entertain the hope that the clarification of this thesis will be one of the results of my course, a result I greatly desire.

DU PHÉNOMÈNE MUSICAL

JE VAIS PRENDRE l'exemple le plus banal: celui du plaisir qu'on éprouve à entendre le murmure de la brise dans les arbres, le gazouillement du ruisseau, le chant d'un oiseau. Tout cela nous plaît, nous divertit, nous enchante. On en vient à dire: "Quelle jolie musique!" On ne parle bien sûr, que par comparaison. Mais voilà: comparaison n'est pas raison. Ces éléments sonores évoquent pour nous la musique, mais ne sont pas encore de la musique. Nous avons beau nous y plaire et nous imaginer qu'à leur contact nous devenons musiciens et, pour un peu, musiciens créateurs, il faut bien avouer que nous nous abusons. Ces promesses de musique, il faut un homme pour les tenir. Un homme sensible à toutes les voix de la nature, sans doute, mais qui éprouve par surcroît le besoin de mettre ces choses en ordre et qui est doué pour cela d'une capacité toute spéciale. Entre ses mains, tout ce que j'ai considéré comme n'étant pas de la musique va devenir musique. J'en conclus que les éléments sonores ne constituent la musique que par l'effet de leur organisation, et que cette organisation présuppose une action consciente de l'homme.

Je constate donc l'existence de sonorités élémentaires, de matières musicales à l'état brut, agréables en elles-mêmes, qui caressent l'oreille et nous apportent un plaisir qui peut être complet. Mais, au-delà de cette jouissance passive, nous allons découvrir la musique qui nous fait participer activement à l'opération d'un esprit qui ordonne, qui vivifie et qui crée. Car on découvre à l'origine de toute création un appétit qui n'est pas l'appétit des nourritures terrestres. En sorte qu'aux dons de

THE PHENOMENON OF MUSIC

I SHALL TAKE the most banal example: that of the pleasure we experience on hearing the murmur of the breeze in the trees, the rippling of a brook, the song of a bird. All this pleases us, diverts us, delights us. We may even say: "What lovely music!" Naturally, we are speaking only in terms of comparison. But then, *comparison* is not *reason*. These natural sounds suggest music to us, but are not yet themselves music. If we take pleasure in these sounds by imagining that on being exposed to them we become musicians and even, momentarily, creative musicians, we must admit that we are fooling ourselves. They are promises of music; it takes a human being to keep them: a human being who is sensitive to nature's many voices, of course, but who in addition feels the need of putting them in order and who is gifted for that task with a very special aptitude. In his hands all that I have considered as not being music will become music. From this I conclude that tonal elements become music only by virtue of their being organized, and that such organization presupposes a conscious human act.

Thus I take cognizance of the existence of elemental natural sounds, the raw materials of music, which, pleasing in themselves, may caress the ear and give us a pleasure that may be quite complete. But, over and beyond this passive enjoyment we shall discover music, music that will make us participate actively in the working of a mind that orders, gives life, and creates. For at the root of all creation one discovers an appetite that is not an appetite for the fruits of the earth. So that to the gifts of nature are added the

la nature s'ajoutent les bienfaits de l'artifice — telle est la signification générale de l'art.

Car ce n'est pas de l'art qui nous tombe du ciel avec un chant d'oiseau; mais la plus simple modulation correctement conduite est déjà de l'art, sans conteste possible.

L'art, au sens propre, est une manière de faire des œuvres selon certaines méthodes obtenues soit par apprentissage, soit par invention. Et les méthodes sont les voies strictes et déterminées qui assurent la rectitude de notre opération.

Il y a une perspective historique qui, comme toute vue des choses subordonnée aux lois de la gradation des plans, ne rend distincts que les plans les plus proches. A mesure qu'ils s'éloignent ils échappent à nos prises et ne nous laissent entrevoir que des objets privés de vie et d'utile signification. Mille obstacles nous séparent de ces richesses ancestrales qui ne nous livrent que des aspects de leur réalité défunte. Encore les saisissons-nous par l'intuition plutôt que par le savoir.

Il n'est donc pas besoin, pour saisir le phénomène musical à ses origines, d'étudier les rites primitifs, les modes incantatoires — de pénétrer les secrets de l'antique magie. Recourir en l'espèce à l'histoire, voire à la préhistoire, n'est-ce pas passer le but en tentant de saisir l'insaisissable? Comment rendre raison des choses qu'on n'a jamais vues? Si, dans un tel domaine, on prend la seule raison pour guide, elle nous mène droit au mensonge, parce que l'instinct ne l'éclaire pas. Car l'instinct est infaillible. S'il nous trompe, c'est qu'il n'est plus l'instinct. En tout état de cause, une illusion vivante vaut mieux en de telles matières qu'une réalité morte.

On répétait un jour à la Comédie-Française un drame moyenâgeux au cours duquel le célèbre tragédien Mounet-Sully devait, selon les indications de l'auteur, prêter serment sur une vieille Bible. Pour les répétitions, la vieille Bible avait été remplacée par l'annuaire des téléphones. "Le texte stipule une vieille Bible," rugit Mounet-Sully, "qu'on me donne une vieille

benefits of artifice — such is the general significance of art.

For it is not art that rains down upon us in the song of a bird; but the simplest modulation correctly executed is already art, without any possible doubt.

Art in the true sense is a way of fashioning works according to certain methods acquired either by apprenticeship or by inventiveness. And methods are the straight and predetermined channels that insure the rightness of our operation.

There is a historical perspective that, like every view of things which is subordinated to the laws of optical perspective, only renders distinct those objects on the nearest planes. As the planes recede from us, they elude our grasp and only let us catch glimpses of objects devoid of life and useful meaning. A thousand obstacles separate us from the ancestral riches which yield to us only aspects of their dead reality. And even then we grasp them by intuition rather than by conscious knowing.

Hence, in order to lay hold of the phenomenon of music at its origins, there is no need to study primitive rituals, modes of incantation, or to penetrate the secrets of ancient magic. To have recourse to history in this case — even to prehistory — is that not to overshoot our mark by seeking to grasp what cannot be grasped? How shall we reasonably explain what no one has ever witnessed? If we take reason alone as a guide in this field, it will lead us straight to falsehoods, since it will no longer be enlightened by instinct. Instinct is infallible. If it leads us astray, it is no longer instinct. At all events, a living illusion is more valuable in such matters than a dead reality.

One day the *Comédie française* was rehearsing a medieval play in which the celebrated actor Mounet-Sully, according to the author's directions, had to swear an oath on an old Bible. For rehearsals the old Bible had been replaced by a telephone directory. "The script calls for an old Bible," roared Mounet-Sully. "Get me an old Bible!"

Bible!" L'Administrateur de la Comédie, Jules Claretie, s'empressa d'aller prendre dans sa bibliothèque un exemplaire des deux Testaments dans une magnifique édition ancienne et l'apporte triomphalement à l'acteur: "Vous voyez, mon cher Doyen," dit Claretie, "elle est du XVe siècle. . . ." "Du XVe siècle," dit Mounet-Sully, "mais alors, au XVe siècle, elle était neuve. . . ."

Mounet-Sully avait raison si l'on veut; mais il faisait trop crédit à l'archéologie.

Le passé se dérobe à nos prises. Il ne nous livre que des choses éparses. Le lien qui les unit nous échappe. Notre imagination comble les vides en utilisant le plus souvent des théories préconçues; c'est ainsi, par exemple, qu'un matérialiste fait appel aux théories de Darwin pour placer le singe avant l'homme dans l'évolution des espèces animales.

L'archéologie ne nous apporte donc pas de certitudes, mais de vagues hypothèses. Et c'est à l'ombre de ces hypothèses que certains artistes se complaisent à rêver, les considérant moins comme éléments de science que comme sources d'inspiration. Cela est vrai de la musique comme des arts plastiques. Des peintres de toutes les époques, sans oublier la nôtre, promènent ainsi leurs rêveries à travers le temps et l'espace et sacrifient tour à tour ou simultanément, à l'archaïsme et à l'exotisme.

Une telle tendance n'appelle en soi ni louange ni blâme. Notons seulement que ces voyages imaginaires ne nous apportent rien de précis et ne nous apprennent pas à mieux connaître la musique.

Nous nous étonnions, à propos de Gounod, dans notre leçon précédente, que *Faust* lui-même ait trouvé à ses débuts, il y a soixante-dix ans, des auditeurs rebelles au charme de sa mélodie et insensibles et sourds à son originalité.

Que dire alors de la musique ancienne et comment pourrions-nous la juger par le seul instrument de notre raison raisonnante? Car ici l'instinct nous fait défaut, un élément essentiel d'inves-

Jules Claretie, the director of the *Comédie,* promptly rushed into his library to find a copy of the two testaments in a magnificent old edition and brought it triumphantly to the actor. "Here you are, *mon cher Doyen,*" said Claretie, "a fifteenth century edition . . ." "Fifteenth century!" said Mounet-Sully. "But then at that time it was brand new . . ."

Mounet-Sully was right, if you insist. But he attributed too much importance to archaeology.

The past slips from our grasp. It leaves us only scattered things. The bond that united them eludes us. Our imagination usually fills in the void by making use of preconceived theories. In this way, for example, a materialist appeals to Darwin's theories in placing the monkey before man in the evolution of animal species.

Archaeology, then, does not supply us with certitudes, but rather with vague hypotheses. And in the shade of these hypotheses some artists are content to dream, considering them less as scientific facts than as sources of inspiration. This is just as true of music as of the plastic arts. Painters of every period, including our own, let their fancies roam through time and space and offer sacrifices successively or even simultaneously on the altars of archaism and exoticism.

Such a tendency in itself calls neither for praise nor censure. Let us merely note that these imaginary voyages supply us with nothing that is exact and do not make us better acquainted with music.

In our first lesson we were astonished to find that, in the case of Gounod, seventy years ago even *Faust* at first encountered listeners who rebelled against the charm of its melody and were insensitive and deaf to its originality.

What then shall we say about ancient music, and how could we judge it with the instrument of our reasoning mind alone? For here instinct fails us. We lack an indispensable element of investigation:

tigation nous manque, qui est la sensation même de la chose.

Pour moi, l'expérience m'a montré depuis longtemps que tout fait historique, proche ou reculé, peut bien être utilisé comme une excitation qui ébranle la faculté créatrice, mais jamais comme une notion qui puisse éclaircir les difficultés.

On ne fonde bien que sur l'immédiat, parce que tout ce qui n'est plus d'usage ne peut plus nous servir directement. Il est donc vain de remonter au-delà d'un certain point à des faits qui ne nous permettent plus de méditer sur la musique.

N'oublions pas, en effet, que la musique, telle que nous pouvons en user de nos jours, est le plus jeune de tous les arts, bien que ses origines soient aussi lointaines que celles de l'homme. Quand on remonte au-delà du XIVᵉ siècle, des difficultés matérielles nous arrêtent et s'accumulent au point de nous réduire aux conjectures quand il s'agit de la déchiffrer.

Pour moi, je ne puis commencer à m'intéresser au phénomène musical que pour autant qu'il émane de l'homme intégral. Je veux dire de l'homme armé de toutes les ressources de nos sens, de nos facultés psychiques et des moyens de notre intellect.

Seul, l'homme intégral est capable de l'effort de haute spéculation qui doit maintenant attirer notre attention.

Car le phénomène musical n'est autre chose qu'un phénomène de spéculation. Cette expression n'a rien qui doive vous effrayer. Elle suppose simplement à la base de la création musicale, une recherche préalable, une volonté qui se meut d'abord dans l'abstrait en vue de donner forme à une matière concrète. Les éléments que vise nécessairement cette spéculation sont les éléments du *son* et du *temps*. La musique est inimaginable en dehors de ces deux éléments.

Pour la commodité de notre exposé, nous parlerons d'abord du temps.

Les arts plastiques se présentent à nous dans l'espace: nous

34

namely, the sensation of the music itself.

My own experience has long convinced me that any historical fact, recent or distant, may well be utilized as a stimulus to set the creative faculty in motion, but never as an aid for clearing up difficulties.

One builds solidly only on the bedrock of the immediate, because what is no longer in use can no longer serve us directly. So it is futile to go back beyond a certain point to data that no longer permit us to contemplate the music itself.

In fact, we must not forget that music of the kind that has meaning for us today is the youngest of all the arts, although its origins may be as old as man's. When we go back beyond the fourteenth century material difficulties stop us short and pile up to such an extent that we are reduced to making conjectures when we come to decipher it.

For myself, I cannot begin to take an interest in the phenomenon of music except insofar as it emanates from the integral man. I mean from a man armed with the resources of his senses, his psychological faculties, and his intellectual equipment.

Only the integral man is capable of the effort of higher speculation that must now occupy our attention.

For the phenomenon of music is nothing other than a phenomenon of speculation. There is nothing in this expression that should frighten you. It simply presupposes that the basis of musical creation is a preliminary feeling out, a will moving first in an abstract realm with the object of giving shape to something concrete. The elements at which this speculation necessarily aims are those of *sound* and *time*. Music is inconceivable apart from those two elements.

To facilitate our exposition, we shall first speak about time.

The plastic arts are presented to us in space: we receive an over-all

en recevons une impression d'ensemble avant d'en découvrir à loisir et peu à peu les détails. Mais la musique s'établit dans la succession du temps et requiert donc la vigilance de la mémoire. La musique est par conséquent un art *chronique*, comme la peinture est un art *spatial*. Elle suppose avant tout une certaine organisation du temps, une chrononomie, si l'on veut bien nous passer ce néologisme.

Les lois qui ordonnent le mouvement des sons requièrent la présence d'une valeur mesurable et constante: *le mètre*, élément purement matériel, au moyen duquel se compose le rythme, élément purement formel. En d'autres termes, le mètre résout la question de savoir en combien de parties égales se divise l'unité musicale que nous nommons la mesure, et le rythme résout la question de savoir comment seront groupées ces parties égales dans une mesure donnée. Une mesure à quatre temps, par exemple, pourra se composer de deux groupes de deux temps, ou de trois groupes: un temps, deux temps et un temps, etc. . . .

Nous voyons ainsi que le mètre, ne nous offrant par lui-même que des éléments de symétrie et supposant des quantités qui peuvent s'additionner est nécessairement utilisé par le rythme dont l'office est d'ordonner le mouvement en découpant les quantités fournies par la mesure.

Qui de nous, en entendant une musique de *jazz*, n'a éprouvé une sensation amusante et proche du vertige quand un danseur ou un musicien soliste s'obstinant à marquer des accentuations irrégulières ne parvenait pas à détourner l'oreille de la pulsation régulière du mètre battu par la percussion?

Comment réagissons-nous à une impression de ce genre? Qu'est-ce qui nous frappe davantage dans ce conflit du rythme et du mètre? C'est l'obsession d'une régularité. Ces battements isochrones n'étaient ici qu'un moyen de faire valoir la fantaisie rythmique du soliste et ce sont eux qui déterminent la surprise et créent l'imprévu. Nous nous rendons compte, à la réflexion,

impression before we discover details little by little and at our leisure. But music is based on temporal succession and requires alertness of memory. Consequently music is a *chronologic* art, as painting is a *spatial* art. Music presupposes before all else a certain organization in time, a chrononomy — if you will permit me to use a neologism.

The laws that regulate the movement of sounds require the presence of a measurable and constant value: *meter*, a purely material element, through which rhythm, a purely formal element, is realized. In other words, meter answers the question of how many equal parts the musical unit which we call a measure is to be divided into, and rhythm answers the question of how these equal parts will be grouped within a given measure. A measure in four beats, for example, may be composed of two groups of two beats, or in three groups: one beat, two beats, and one beat, and so on . . .

Thus we see that meter, since it offers in itself only elements of symmetry and is inevitably made up of even quantities, is necessarily utilized by rhythm, whose function it is to establish order in the movement by dividing up the quantities furnished in the measure.

Who of us, on hearing jazz music, has not felt an amusing sensation approaching giddiness when a dancer or a solo musician, trying persistently to stress irregular accents, cannot succeed in turning our ear away from the regular pulsation of the meter drummed out by the percussion?

How do we react to an impression of this sort? What strikes us most in this conflict of rhythm and meter? It is the obsession with regularity. The isochronous beats are in this case merely a means of throwing the rhythmic invention of the soloist into relief. It is this that brings about surprise and produces the unexpected. On reflection we realize that without the real or implied presence of the

que sans leur présence réelle ou supposée, nous ne pourrions ni déchiffrer le sens de cette fantaisie ni jouir de son esprit. C'est la pulsation du mètre qui nous a révélé la présence de l'invention rythmique. Nous jouissons ici d'une relation.

Cet exemple me paraît éclairer suffisamment les rapports du mètre et du rythme, tant au sens hiérarchique qu'au sens chrononomique.

Que dirons-nous, à présent que nous sommes bien au fait de la question, si l'on veut nous parler, comme on ne le fait que trop souvent d'un "rythme accéléré"? Comment une telle bévue peut-elle être commise par un esprit sensé? Car enfin, une accélération n'altère que le mouvement. Si je chante deux fois plus vite l'hymne américain, je modifie son *tempo*, je ne change rien à son rythme, puisque le rapport des durées reste le même.

J'ai tenu à m'arrêter un instant sur cette question très élémentaire parce qu'on la voit étrangement déplacée par des ignorants qui font un singulier abus du vocabulaire musical.

Plus complexe et vraiment essentiel est le problème spécifique du temps, du *chronos* musical. Ce problème a fait tout récemment l'objet d'une étude particulièrement intéressante de M. Pierre Souvtchinsky, philosophe russe de mes amis. La pensée de M. Souvtchinsky s'apparente si étroitement à la mienne, que je ne puis mieux faire que de résumer ici sa thèse.

La création musicale apparaît à M. Souvtchinsky comme un complexe inné d'intuitions et de possibilités fondé avant tout sur une expérience proprement musicale du temps — le *chronos*, dont l'œuvre musicale ne nous apporte que la réalisation fonctionnelle.

Chacun sait que le temps s'écoule de façon variable selon les dispositions intimes du sujet et les évènements qui viennent affecter sa conscience. L'attente, l'ennui, l'angoisse, le plaisir et la douleur, la contemplation apparaissent ainsi comme des catégories différentes, au milieu desquelles notre vie s'écoule et

beats we could not make out the meaning of this invention. Here we are enjoying a relationship.

This example seems to me to clarify sufficiently the connections between meter and rhythm, in the hierarchical sense as well as in the chrononomic sense.

What are we to say, now that we are fully informed, when someone talks — as is too often the case — about a "fast rhythm"? How can such a blunder be made by a reasonable person? For after all, speeding up only alters movement. If I sing the American national anthem twice as fast as usual, I modify its *tempo*; in no way do I change its rhythm, since the relationship of note values remains intact.

I have made it a point to spend a few minutes on this very elementary question because one sees it strangely distorted by ignorant persons who singularly abuse the vocabulary of music.

More complex and really fundamental is the specific problem of musical time, of the *chronos* of music. This problem has recently been made the object of a particularly interesting study by Mr. Pierre Souvtchinsky, a Russian philosopher-friend of mine. His thinking is so closely akin to mine that I can do no better than to summarize his thesis here.

Musical creation appears to him an innate complex of intuitions and possibilities based primarily upon an exclusively musical experiencing of time — *chronos*, of which the musical work merely gives us the functional realization.

Everyone knows that time passes at a rate which varies according to the inner dispositions of the subject and to the events that come to affect his consciousness. Expectation, boredom, anguish, pleasure and pain, contemplation — all of these thus come to appear as different categories in the midst of which our life unfolds, and each of

qui commandent chacune un processus psychologique spécial, un *tempo* particulier. Ces variations du temps psychologique ne sont perceptibles que par rapport à la sensation primaire, consciente ou non, du temps réel — du temps ontologique.

Ce qui marque le caractère spécifique de la notion musicale de temps, c'est que cette notion naît et se développe soit en dehors des catégories du temps psychologique, soit simultanément avec elles.

Toute musique, pour autant qu'elle se lie au cours normal de temps, ou pour autant qu'elle s'en détache, établit une relation particulière, une sorte de contrepoint entre l'écoulement du temps, sa durée propre et les moyens matériels et techniques à l'aide desquels cette musique se manifeste.

Monsieur Souvtchinsky fait apparaître ainsi deux espèces de musique: l'une évolue parallèlement au processus du temps ontologique, l'épouse et le pénètre, faisant naître dans l'esprit de l'auditeur un sentiment d'euphorie et pour ainsi dire de "calme dynamique." L'autre devance ou contrarie ce processus. Elle n'adhère pas à l'instant sonore. Elle déplace les centres d'attraction et de gravité et s'établit dans l'instable, ce qui la rend propre à traduire les impulsions émotives de son auteur. Toute musique où domine la volonté d'expression appartient à ce second type.

Ce problème du temps dans l'art musical est d'une importance primordiale, j'ai cru bon d'y insister parce que les considérations qu'il entraîne peuvent nous aider à comprendre les différents types créateurs dont nous aurons à nous occuper au cours de notre quatrième leçon.

La musique liée au temps ontologique est généralement dominée par le principe de similitude. Celle qui épouse le temps psychologique procède volontiers par contraste. A ces deux principes qui dominent le processus créateur, correspondent les notions essentielles de variété et d'uniformité.

Tous les arts ont recours à ce principe. Les procédés de la

40

these determines a special psychological process, a particular tempo. These variations in psychological time are perceptible only as they are related to the primary sensation — whether conscious or unconscious — of real time, ontological time.

What gives the concept of musical time its special stamp is that this concept is born and develops as well outside of the categories of psychological time as it does simultaneously with them. All music, whether it submits to the normal flow of time, or whether it dissociates itself therefrom, establishes a particular relationship, a sort of counterpoint between the passing of time, the music's own duration, and the material and technical means through which the music is made manifest.

Mr. Souvtchinsky thus presents us with two kinds of music: one which evolves parallel to the process of ontological time, embracing and penetrating it, inducing in the mind of the listener a feeling of euphoria and, so to speak, of "dynamic calm." The other kind runs ahead of, or counter to, this process. It is not self-contained in each momentary tonal unit. It dislocates the centers of attraction and gravity and sets itself up in the unstable; and this fact makes it particularly adaptable to the translation of the composer's emotive impulses. All music in which the will to expression is dominant belongs to the second type.

This problem of time in the art of music is of capital importance. I have thought it wise to dwell on the problem because the considerations that it involves may help us to understand the different creative types which will concern us in our fourth lesson.

Music that is based on ontological time is generally dominated by the principle of similarity. The music that adheres to psychological time likes to proceed by contrast. To these two principles which dominate the creative process correspond the fundamental concepts of variety and unity.

All the arts have recourse to this principle. The methods of poly-

polychromie et de la monochromie dans les arts plastiques répondent respectivement à la variété et à l'uniformité. J'ai toujours considéré pour ma part qu'il est en général plus expédient de procéder par similitude plutôt que par contraste. La musique s'affermit ainsi dans la mesure où elle renonce aux séductions de la variété. Ce qu'elle perd en richesses contestables, elle le gagne en solidité vraie.

Le contraste produit un effet immédiat. La similitude ne nous satisfait qu'à la longue. Le contraste est un élément de variété, mais disperse l'attention. La similitude naît d'une tendance à l'unité. Le besoin de varier est parfaitement légitime, mais il ne faut pas oublier que l'un précède le multiple. Leur coexistence est d'ailleurs constamment requise, et tous les problèmes de l'art, comme d'ailleurs tous les problèmes possibles, y compris le problème de la connaissance et celui de l'Etre, tournent éperdûment autour de cette question, de Parménide, qui nie la possibilité du multiple, à Héraclite, qui nie l'existence de l'un. Le seul bon sens comme la suprême sagesse nous invitent à les affirmer l'un et l'autre. Au demeurant, la meilleure attitude du compositeur en l'espèce sera celle d'un homme conscient de la hiérarchie des valeurs et qui doit faire un choix. La variété ne vaut que comme poursuite de la similitude. Elle m'entoure de toute part. Je n'ai donc pas à craindre qu'elle me fasse défaut, puisque je ne cesse de la rencontrer. Le contraste est partout. Il suffit de le constater. La similitude est cachée, il s'agit de la découvrir, et je ne la découvre qu'à la limite de mon effort. Si la variété me tente, je suis inquiet des facilités qu'elle m'offre, tandis que la similitude me propose des solutions plus difficiles, mais des résultats plus solides et donc plus précieux à mon gré.

Bien entendu, nous n'épuisons pas ici ce thème éternel sur lequel nous nous réservons de revenir.

Nous ne sommes pas ici dans un conservatoire, et je n'ai pas l'intention de vous importuner de pédagogie musicale. Il ne

chromatics and monochromatics in the plastic arts correspond respectively to variety and unity. For myself, I have always considered that in general it is more satisfactory to proceed by similarity rather than by contrast. Music thus gains strength in the measure that it does not succumb to the seductions of variety. What it loses in questionable riches it gains in true solidity.

Contrast produces an immediate effect. Similarity satisfies us only in the long run. Contrast is an element of variety, but it divides our attention. Similarity is born of a striving for unity. The need to seek variety is perfectly legitimate, but we should not forget that the One precedes the Many. Moreover, the coexistence of both is constantly necessary, and all the problems of art, like all possible problems for that matter, including the problems of knowledge and of Being, revolve ineluctably about this question, with Parmenides on one side denying the possibility of the Many, and Heraclitus on the other denying the existence of the One. Mere common sense, as well as supreme wisdom, invite us to affirm both the one and the other. All the same, the best attitude for a composer in this case will be the attitude of a man who is conscious of the hierarchy of values and who must make a choice. Variety is valid only as a means of attaining similarity. Variety surrounds me on every hand. So I need not fear that I shall be lacking in it, since I am constantly confronted by it. Contrast is everywhere. One has only to take note of it. Similarity is hidden; it must be sought out, and it is found only after the most exhaustive efforts. When variety tempts me, I am uneasy about the facile solutions it offers me. Similarity, on the other hand, poses more difficult problems but also offers results that are more solid and hence more valuable to me.

Needless to say, we have not exhausted this eternal subject here, and we shall want to return to it.

We are not in a conservatory, and I have no intention of bothering you with musical pedagogy. It is not my concern at this point to

m'appartient pas de rappeler ici des notions élémentaires qui sont connues de la plupart d'entre vous et qu'au besoin, supposé que vous les ayez oubliées, vous retrouveriez clairement définies dans n'importe quel ouvrage scolaire. Je ne vous arrêterai guère sur les notions d'intervalle, d'accord, de mode, d'harmonie, de modulation, de registre et de timbre qui ne prêtent pas à équivoque, mais je m'arrêterai un instant sur quelques éléments de la terminologie musicale qui peuvent prêter à confusion et j'essaierai de dissiper certains malentendus comme je l'ai fait précédemment en vous parlant du mètre et du rythme, à propos du *chronos*.

Vous savez tous que l'échelle sonore constitue le fondement physique de l'art musical. Vous savez aussi que la gamme est formée au moyen des sons de la série harmonique rangés selon l'ordre diatonique dans une succession différente de celle que nous fournit la nature.

Vous savez également que l'on nomme intervalle le rapport de hauteur entre deux sons, et accord le complexe sonore qui résulte de l'émission simultanée d'au moins trois sons de hauteurs différentes.

Tout va bien jusqu'ici et tout cela est clair pour nous; mais les notions de consonance et dissonance ont donné lieu à des interprétations tendancieuses dont il est urgent de faire justice.

La consonance, dit le dictionnaire, est la fusion de plusieurs sons en une unité harmonique. La dissonance résulte du dérangement de cette harmonie, par l'adjonction de sons qui lui sont étrangers. Il faut avouer que tout ceci n'est pas clair. Dès qu'il apparaît dans notre vocabulaire, ce mot de dissonance apporte avec lui comme une vague odeur de péché.

Eclairons notre lanterne: dans le langage de l'école, la dissonance est un élément de transition, un complexe ou un intervalle sonore qui ne se suffit pas à lui-même et qui doit se résoudre, pour la satisfaction de l'oreille, en une consonance parfaite.

bring up certain elementary principles which are known to most of you and which, if need be — supposing that you may have forgotten them — you would find clearly set forth in any textbook. I shall not detain you with the concepts of intervals, chords, modes, harmony, modulation, register, and timbre — none of which are at all ambiguous; but I shall dwell for a moment on certain elements of musical terminology that may lead to confusion, and I shall try to clear up certain misunderstandings, as I have just done in regard to the *chronos* by speaking about meter and rhythm.

All of you know that the range of audible sounds constitutes the physical basis of the art of music. You also know that the scale is formed by means of the tones of the harmonic series arranged in diatonic order in a succession different from the one that nature offers us.

You likewise know that the pitch relationship between two tones is called an interval, and that a chord is the sound-complex that results from the simultaneous sounding of at least three tones of a different pitch.

All is well up to this point, and all this is clear to us. But the concepts of consonance and dissonance have given rise to tendentious interpretations that should definitely be set aright.

Consonance, says the dictionary, is the combination of several tones into an harmonic unit. Dissonance results from the deranging of this harmony by the addition of tones foreign to it. One must admit that all this is not clear. Ever since it appeared in our vocabulary, the word dissonance has carried with it a certain odor of sinfulness.

Let us light our lantern: in textbook language, dissonance is an element of transition, a complex or interval of tones which is not complete in itself and which must be resolved to the ear's satisfaction into a perfect consonance.

Mais de même que l'œil complète dans un dessin les traits que le peintre a sciemment négligé de figurer, l'oreille peut également être appelée à compléter un accord et suppléer à sa résolution qui n'est pas réalisée. La dissonance, dans ce cas, joue le rôle d'une allusion.

Tout ceci suppose un style où l'usage de la dissonance stipule la nécessité d'une résolution. Mais rien ne nous oblige à chercher constamment la satisfaction dans le repos. Et, depuis plus d'un siècle, la musique a multiplié les exemples d'un style ou la dissonance s'est émancipée. Elle n'est plus rivée à son ancienne fonction. Devenue chose en soi, il arrive qu'elle ne prépare ni n'annonce rien. La dissonance n'est donc pas plus un facteur de désordre que la consonance n'est une garantie de sécurité. La musique d'hier et d'aujourd'hui unit sans ménagement des accords dissonants parallèles qui perdent ainsi leur valeur fonctionnelle et notre oreille accepte naturellement leur juxtaposition.

Sans doute l'instruction et l'éducation du public n'ont pas marché de pair avec l'évolution de la technique; un tel usage de la dissonance, pour des oreilles mal préparées à l'admettre, n'a pas manqué d'amortir leur réaction, déterminant un état d'atonie où le dissonant ne se distingue plus du consonant.

Nous ne nous trouvons donc plus dans le sens de la tonalité classique au sens scolaire du mot. Nous n'avons pas créé cet état de chose, et ce n'est pas notre faute si nous nous trouvons devant une nouvelle logique musicale qui eut paru impensable aux maîtres du passé. Et cette logique nous ouvre les yeux sur des richesses dont nous ne soupçonnions pas l'existence.

Parvenus à ce point, il n'est pas moins indispensable d'obéir, non pas à de nouvelles idoles, mais à la nécessité éternelle d'affermir l'axe de notre musique et de reconnaître l'existence de certains pôles d'attraction. La tonalité n'est qu'un moyen d'orienter la musique vers ces pôles. La fonction tonale est tout

But just as the eye completes the lines of drawing which the painter has knowingly left incomplete, just so the ear may be called upon to complete a chord and cooperate in its resolution, which has not actually been realized in the work. Dissonance, in this instance, plays the part of an allusion.

Either case applies to a style where the use of dissonance demands the necessity of a resolution. But nothing forces us to be looking constantly for satisfaction that resides only in repose. And for over a century music has provided repeated examples of a style in which dissonance has emancipated itself. It is no longer tied down to its former function. Having become an entity in itself, it frequently happens that dissonance neither prepares nor anticipates anything. Dissonance is thus no more an agent of disorder than consonance is a guarantee of security. The music of yesterday and of today unhesitatingly unites parallel dissonant chords that thereby lose their functional value, and our ear quite naturally accepts their juxtaposition.

Of course, the instruction and education of the public have not kept pace with the evolution of technique. The use of dissonance, for ears ill-prepared to accept it, has not failed to confuse their reaction, bringing about a state of debility in which the dissonant is no longer distinguished from the consonant.

We thus no longer find ourselves in the framework of classic tonality in the scholastic sense of the word. It is not we who have created this state of affairs, and it is not our fault if we find ourselves confronted with a new logic of music that would have appeared unthinkable to the masters of the past. And this new logic has opened our eyes to riches whose existence we never suspected.

Having reached this point, it is no less indispensable to obey, not new idols, but the eternal necessity of affirming the axis of our music and to recognize the existence of certain poles of attraction. Diatonic tonality is only one means of orienting music towards these poles.

entière subordonnée à la puissance attractive du pôle sonore. Toute musique n'est qu'une suite d'élans qui convergent vers un point défini de repos. Celà est vrai de la cantilène grégorienne comme de la fugue de Bach, de la musique de Brahms comme de celle de Debussy.

A cette loi générale de l'attraction, le système tonal traditionnel n'apporte qu'une satisfaction provisoire, car il n'a pas de valeur absolue.

Il est peu de musiciens d'aujourd'hui qui ne se rendent compte de cet état de choses. Il n'en reste pas moins qu'on ne peut encore définir les règles qui commandent cette technique nouvelle. Cela n'a d'ailleurs rien d'étonnant. L'harmonie telle qu'on l'enseigne aujourd'hui dans les écoles, édicte des règles qui n'ont été fixées que longtemps après la publication des œuvres d'après lesquelles elles sont établies et que leurs auteurs ne connaissaient pas. Nos traités d'harmonie prennent ainsi leurs références dans Mozart et dans Haydn qui n'ont jamais entendu parler de traités d'harmonie.

Ce qui nous préoccupe donc, c'est moins la tonalité proprement dite que ce qu'on pourrait appeler la polarité du son, d'un intervalle ou même d'un complexe sonore. Le pôle du ton constitue en quelque manière l'axe essentiel de la musique. La forme musicale serait inimaginable en l'absence d'éléments attractifs qui font partie de chaque organisme musical et sont liés à sa psychologie. Les articulations du discours musical trahissent une corrélation occulte entre le *tempo* et le jeu tonal. Toute musique n'étant qu'une séquence d'élans et de repos, il est aisé de concevoir que le rapprochement et l'éloignement des pôles d'attraction déterminent en quelque sorte la respiration de la musique.

Du fait que nos pôles d'attraction ne sont plus au centre du système clos que constituait le système tonal, nous pouvons les rejoindre sans qu'il soit nécessaire de nous plier au protocole de la tonalité. Car nous ne croyons plus à la valeur absolue du sys-

The function of tonality is completely subordinated to the force of attraction of the pole of sonority. All music is nothing more than a succession of impulses that converge towards a definite point of repose. That is as true of Gregorian chant as it is of a Bach fugue, as true of Brahms's music as it is of Debussy's.

This general law of attraction is satisfied in only a limited way by the traditional diatonic system, for that system possesses no absolute value.

There are few present-day musicians who are not aware of this state of affairs. But the fact remains that it is still impossible to lay down the rules that govern this new technique. Nor is this at all surprising. Harmony as it is taught today in the schools dictates rules that were not fixed until long after the publication of the works upon which they were based, rules which were unknown to the composers of these works. In this manner our harmonic treatises take as their point of departure Mozart and Haydn, neither of whom ever heard of harmonic treatises.

So our chief concern is not so much what is known as tonality as what one might term the polar attraction of sound, of an interval, or even of a complex of tones. The sounding tone constitutes in a way the essential axis of music. Musical form would be unimaginable in the absence of elements of attraction which make up every musical organism and which are bound up with its psychology. The articulations of musical discourse betray a hidden correlation between the *tempo* and the interplay of tones. All music being nothing but a succession of impulses and repose, it is easy to see that the drawing together and separation of poles of attraction in a way determine the respiration of music.

In view of the fact that our poles of attraction are no longer within the closed system which was the diatonic system, we can bring the poles together without being compelled to conform to the exigencies of tonality. For we no longer believe in the absolute value of the

tème majeur-mineur fondé sur cette entité que les musicologues dénomment l'échelle d'*ut*.

L'accord d'un instrument, du piano par exemple, requiert la mise en ordre par degrés chromatiques de toute l'échelle sonore accessible à cet instrument. Cet accord nous incite à constater que tous ces sons convergent vers un centre qui est le *la* du diapason. Composer, pour moi, c'est mettre en ordre un certain nombre de ces sons selon certains rapports d'intervalle. Cet exercice conduit à chercher le centre où doit converger la série de sons qui se trouve engagés dans mon entreprise. Je suis donc amené, un centre étant donné, à trouver une combinaison qui le joigne, ou bien, une combinaison étant établie qui n'est encore ordonnée à rien, à déterminer le centre vers lequel elle doit tendre. La découverte de ce centre me suggère la solution. Je satisfais ainsi le goût très vif que j'ai pour cette espèce de topographie musicale.

Le système révolu qui a servi de base à des constructions musicales d'un puissant intérêt, n'a eu force de loi chez les musiciens que durant une période beaucoup plus courte qu'on ne l'imagine d'ordinaire et qui ne va guère que du milieu du XVIIᵉ siècle au milieu du XIXᵉ. A partir du moment où les accords ne servent plus seulement à remplir les fonctions que leur assigne le jeu tonal, mais se débarrassent de toute contrainte pour devenir des entités nouvelles, libres de tout engagement, le processus est accompli: le système tonal a vécu. L'œuvre des polyphonistes de la Renaissance n'entre pas encore dans ce système, et nous avons vu que la musique de notre temps n'y adhère plus. Une succession parallèle d'accords de *neuvième* suffirait à en donner la preuve. C'est par là que la porte s'est ouverte sur ce qu'on a appelé d'un terme abusif: *atonalité*.

L'expression est à la mode. Cela ne fait pas qu'elle soit bien claire. Et j'aimerais bien savoir comment l'entendent ceux qui l'emploient. L'*a* privatif indique un état d'indifférence à l'égard du terme qu'il annihile sans le désavouer. Ainsi comprise,

major-minor system based on the entity which musicologists call the *c*-scale.

The tuning of an instrument, of a piano for example, requires that the entire musical range available to the instrument should be ordered according to chromatic steps. Such tuning prompts us to observe that all these sounds converge towards a center which is the *a* above middle *c*. Composing, for me, is putting into an order a certain number of these sounds according to certain interval-relationships. This activity leads to a search for the center upon which the series of sounds involved in my undertaking should converge. Thus, if a center is given, I shall have to find a combination that converges upon it. If, on the other hand, an as yet unoriented combination has been found, I shall have to determine the center towards which it should lead. The discovery of this center suggests to me the solution of my problem. It is thus that I satisfy my very marked taste for such a kind of musical topography.

The superannuated system of classic tonality, which has served as the basis for musical constructions of compelling interest, has had the authority of law among musicians for only a short period of time — a period much shorter than is usually imagined, extending only from the middle of the seventeenth century to the middle of the nineteenth. From the moment when chords no longer serve to fulfill merely the functions assigned to them by the interplay of tones but, instead, throw off all constraint to become new entities free of all ties — from that moment on one may say that the process is completed: the diatonic system has lived out its life cycle. The work of the Renaissance polyphonists had not yet entered into this system, and we have seen that the music of our time abides by it no longer. A parallel progression of ninth-chords would suffice as proof. It was here that the gates opened upon what has been labeled with the abusive term *atonality*.

The expression is fashionable. But that doesn't mean that it is very clear. And I should like to know just what those persons who use the term mean by it. The negating prefix *a* indicates a state of indifference in regard to the term, negating without entirely renounc-

l'atonalité ne répond guère à ce qu'entendent ceux qui l'emploient. Si l'on disait de ma musique qu'elle est atonale, cela reviendrait à dire que je suis devenu sourd à la tonalité. Or il se peut que je me tienne plus ou moins longtemps dans l'ordre strict de la tonalité, quitte à le briser sciemment pour en établir un autre. Dans ce cas, je ne suis pas *atonal*, mais *antitonal*. Je ne fais pas ici une vaine querelle de mots: il est essentiel de savoir ce qu'on nie et ce qu'on affirme.

Modalité, tonalité, polarité ne sont que des moyens provisoires, et qui passent, ou qui passeront. Ce qui survit à tous les changements de régime c'est la mélodie. Les maîtres du Moyen-Age et de la Renaissance n'avaient pas moins le souci de la mélodie que Bach et Mozart, et ma topographie musicale ne prévoit pas seulement la mélodie: elle lui réserve la même place qui lui était dévolue sous le régime modal ou tonal.

On sait que la mélodie, au sens scientifique, s'entend de la voix supérieure de la polyphonie, en quoi elle se différencie de la cantilène sans accompagnement qu'on appelle *monodie* pour la distinguer de la première.

Mélodie, μελῳδια en grec, c'est le chant du *mélos*, qui signifie membre, partie de phrase. Ce sont ces parties qui frappent l'oreille de manière à marquer une certaine accentuation. La mélodie est donc le chant musical d'une phrase cadencée — j'entends le terme *cadencé* au sens général, non au sens musical. La capacité mélodique est un don. C'est dire qu'il ne nous appartient pas de le développer par l'étude; au moins pouvons-nous en régler l'évolution par une critique perspicace. L'exemple de Beethoven suffirait à nous persuader que, de tous les éléments de la musique, la mélodie est le plus accessible à l'oreille et le moins susceptible d'acquisition. Voici un des plus grands créateurs de la musique qui passa toute sa vie à implorer l'assistance de ce don qui lui faisait défaut. En sorte que cet admirable sourd a développé ses facultés extraordinaires à proportion de la résistance que lui opposait la seule qui lui

ing it. Understood in this way, the word *atonality* hardly corresponds to what those who use it have in mind. If it were said that my music is atonal, that would be tantamount to saying that I had become deaf to tonality. Now it well may be that I remain for a considerable time within the bounds of the strict order of tonality, even though I may quite consciously break up this order for the purposes of establishing a new one. In that case I am not *a*tonal, but *anti*tonal. I am not trying to argue pointlessly over words: it is essential to know what we deny and what we affirm.

Modality, tonality, polarity are merely provisional means that are passing by, and will even pass away. What survives every change of system is melody. The masters of the Middle Ages and of the Renaissance were no less concerned over melody than were Bach and Mozart. But my musical topography does not reserve a place for melody alone. It reserves for melody the same position that devolved upon it under the modal and diatonic systems.

We know that the term melody, in the scientific meaning of the word, is applied to the top voice in polyphony, thus differentiating melody from the unaccompanied cantilena that is called *monody*.

Melody, *mélôdia* in Greek, is the intonation of the *melos*, which signifies a fragment, a part of a phrase. It is these parts that strike the ear in such a way as to mark certain accentuations. Melody is thus the musical singing of a cadenced phrase — I use the word *cadenced* in its general sense, not in the special musical sense. The capacity for melody is a gift. This means that it is not within our power to develop it by study. But at least we can regulate its evolution by perspicacious self-criticism. The example of Beethoven would suffice to convince us that, of all the elements of music, melody is the most accessible to the ear and the least capable of acquisition. Here we have one of the greatest creators of music who spent his whole life imploring the aid of this gift which he lacked. So that this admirable deaf man developed his extraordinary faculties in direct proportion to the resistance offered him by the one he lacked,

manquât, comme l'aveugle développe dans la nuit l'acuité de son sens auditif.

Les Allemands honorent, comme on sait, leurs quatre grands B. Plus modestement et pour les besoins de la cause nous allons élire deux B. à notre usage.

Au moment où Beethoven léguait au monde des richesses dues en partie à ce refus du don mélodique, un autre compositeur dont les mérites n'ont jamais été égalés à ceux du maître de Bonn, semait à tous vents avec une infatigable profusion des mélodies magnifiques et de la plus rare qualité, les distribuant gratuitement comme il les avait reçues, sans même penser à se reconnaître le mérite de les avoir enfantées. Beethoven a constitué à la musique un patrimoine qui semble n'être dû qu'à son labeur obstiné. Bellini a reçu la mélodie sans avoir eu la peine de la demander, comme si le Ciel lui avait dit: "je te donne tout juste ce qui manquait à Beethoven."

Sous l'influence du docte intellectualisme qui régnait parmi les mélomanes de l'espèce sérieuse, la mode fut quelque temps de mépriser la mélodie. Je commence à penser, d'accord avec le grand public, que la mélodie doit conserver sa place au sommet de la hiérarchie des éléments qui composent la musique. La mélodie est le plus essentiel de ces éléments, non parce qu'elle est plus immédiatement perceptible, mais parce qu'elle est la voix dominante de la symphonie, non seulement au propre, mais au figuré.

Ce n'est d'ailleurs pas une raison pour se laisser obnubiler par elle au point d'en perdre l'équilibre et d'oublier que l'art musical nous parle par un ensemble. Et je ramène de nouveau votre attention sur Beethoven, dont la grandeur provient d'une lutte acharnée contre la mélodie rebelle. Si la mélodie était toute la musique, que pourrions-nous donc apprécier parmi les forces qui composent l'œuvre immense de Beethoven et dont la mélodie est assurément la moindre?

S'il est aisé de définir la mélodie, il l'est moins de distinguer

just the way a blind man in his eternal night develops the sharpness of his auditive sense.

The Germans, as we all know, honor their four great B's. On a more modest plane we shall select two B's for the need of our argument.

At the time when Beethoven bequeathed to the world riches partly attributable to the recalcitrance of the melodic gift, another composer, whose achievements were never equal to those of the master of Bonn, scattered to the winds with indefatigable profusion magnificent melodies of the rarest quality, distributing them as gratuitously as he had received them, without even being aware of the merit of having created them. Beethoven amassed a patrimony for music that seems to be solely the result of obstinate labor. Bellini inherited melody without having even so much as asked for it, as if Heaven had said to him, "I shall give you the one thing Beethoven lacks."

Under the influence of the learned intellectualism that held sway among music lovers of the serious sort, it was for a time fashionable to disdain melody. I am beginning to think, in full agreement with the general public, that melody must keep its place at the summit of the hierarchy of elements that make up music. Melody is the most essential of these elements, not because it is more immediately perceptible, but because it is the dominant voice of the symphony — not only in the specific sense, but also figuratively speaking.

But that is no reason for allowing ourselves to be beclouded by melody to the point of losing balance and of forgetting that the art of music speaks to us in many voices at once. Let me once again call your attention to Beethoven, whose greatness derives from a stubborn battle with rebellious melody. If melody were all of music, what could we prize in the various forces that make up the immense work of Beethoven, in which melody is assuredly the least?

If it is easy to define melody, it is much less easy to distinguish

les caractères qui la font belle. L'appréciation d'une valeur est elle-même justiciable d'appréciation. La seule mesure que nous possédions en ces matières tient à la finesse d'une culture qui suppose la perfection du goût. Rien ici n'est absolu, sauf le relatif.

Un système tonal ou polaire ne nous est donné qu'afin d'atteindre un certain ordre, c'est-à-dire en définitive une forme, cette forme où aboutit l'effort créateur.

De toutes les formes musicales, celle que l'on considère comme la plus riche au point de vue du développement est la symphonie. On désigne d'habitude par ce nom une composition en plusieurs parties dont l'une confère à l'œuvre tout entière sa qualité de symphonie: c'est l'*allegro* symphonique, généralement placé au début de l'ouvrage et qui doit justifier sa dénomination en remplissant les exigences d'une certaine dialectique musicale. L'essentiel de cette dialectique réside dans la partie centrale, le développement. C'est précisement cet Allegro symphonique, autrement dit Allegro de sonate, qui détermine la forme d'après laquelle s'édifie, comme on le sait, la musique instrumentale toute entière depuis la sonate pour un seul instrument des divers ensembles de chambre (trios, quatuors, etc.) jusqu'aux plus vastes compositions pour des grandes masses orchestrales. Mais je ne veux pas vous importuner plus longtemps d'un cours de morphologie qui ne répond pas tout-à-fait au but de mes leçons et je ne fais qu'effleurer ce thème pour vous rappeler qu'il existe en musique une sorte de hiérarchie des formes, comme vous pouvez la trouver d'ailleurs dans tous les autres arts.

On est convenu de distinguer les formes instrumentales des formes vocales. L'élément instrumental jouit d'une autonomie que n'a pas l'élément vocal, lequel est lié au mot. Au cours de l'histoire, chacun de ces éléments a donné son empreinte aux formes qu'il suscitait. Ces distinctions ne constituent au fond que des catégories artificielles. La forme naît de la matière,

the characteristics that make a melody beautiful. The appraisal of a value is itself subject to appraisal. The only standard we possess in these matters depends on a fineness of culture that presupposes the perfection of taste. Nothing here is absolute except the relative.

A system of tonal or polar centers is given to us solely for the purpose of achieving a certain order, that is to say more definitively, form, the form in which the creative effort culminates.

Of all musical forms, the one considered the richest from the point of view of development is the symphony. We usually designate by that name a composition in several movements, of which one confers upon the whole work its symphonic quality — namely, the symphonic *allegro*, generally placed at the opening of the work and intended to justify its name by fulfilling the requirements of a certain musical dialectic. The essential part of this dialectic resides in the central portion, the development. It is precisely this symphonic allegro, which is also termed the sonata-allegro, that determines the form upon which, as we know, all instrumental music is constructed — from the sonata for a solo instrument through the various chamber ensembles (trios, quartets, and so on) all the way to the most extensive compositions for huge orchestral masses. But I do not wish to bother you further with a course in morphology that does not correspond exactly to the object of my lessons, and I only mention the subject in passing to remind you that there exists in music, just as in all the other arts, a sort of hierarchy of forms.

It is customary to distinguish instrumental forms from vocal forms. The instrumental element enjoys an autonomy that the vocal element does not enjoy, since the latter is bound to words. Through the course of history each of these media has left its impress upon the forms to which it has given rise. Basically, such distinctions constitute only artificial categories. Form is born of the tonal me-

mais la matière emprunte si volontiers les formes revêtues par d'autres matières que les mélanges de style sont constants et rendent la discrimination impossible.

De grands centres de culture comme l'Eglise ont jadis accueilli et propagé l'art vocal. De nos jours les sociétés chorales ne peuvent plus répondre à la même tâche. Réduites à défendre et à illustrer les œuvres du passé, elles ne sauraient prétendre à jouer le même rôle, car l'évolution de la polyphonie vocale a subi un long temps d'arrêt. Le chant, de plus en plus lié au mot, a fini par devenir une partie de remplissage, affirmant ainsi sa décadence. Dès lors qu'il se donne pour mission d'exprimer le sens du discours il sort du domaine musical et n'a plus rien de commun avec lui.

Rien ne montre mieux la puissance de Wagner et de ce *Sturm und Drang* qu'il a déchaîné que cette décadence qu'il a consacrée dans son œuvre, et qui n'a pas cessé de s'affirmer après lui. Faut-il que cet homme ait été fort pour rompre une forme musicale essentielle avec une telle énergie, que cinquante ans après sa mort on soit encore accablé sous le fatras et le tintamarre du drame musical. Car le prestige du *Gesammt Kunstwerk* est toujours vivace.

Et c'est cela qu'on appelle le progrès? Peut-être. A moins que les compositeurs ne trouvent l'énergie de se libérer de ce lourd héritage en obéissant à la consigne admirable de Verdi: "Torniamo all'antico e sarà un progresso!"

dium, but each medium so readily borrows forms that were developed by other media that the mingling of styles is constant and makes discrimination impossible.

Great centers of culture, such as the Church, have in the past welcomed and cultivated vocal art. In our time choral societies can no longer fulfill the same task. Reduced to upholding and presenting the works of the past, they cannot lay claim to playing the same role, because the evolution of vocal polyphony has been arrested for a long time. Song, more and more bound to words, has finally become a sort of filler, thereby evidencing its decadence. From the moment song assumes as its calling the expression of the meaning of discourse, it leaves the realm of music and has nothing more in common with it.

Nothing shows more clearly the power of Wagner and of the kind of storm and stress which he unleashed than this decadence which his work actually consecrated and that has developed apace ever since his time. How powerful this man must have been to have destroyed an essentially musical form with such energy that fifty years after his death we are still staggering under the rubbish and racket of the music drama! For the prestige of the *Synthesis of the Arts* is still alive.

Is that what is called progress? Perhaps. Unless composers find the strength to shake off this heavy legacy by obeying Verdi's admirable injunction: "Let us return to old times, and that will be progress."

DE LA COMPOSITION MUSICALE

NOUS VIVONS en un temps où la condition humaine subit de profonds ébranlements. L'homme moderne est en train de perdre la connaissance des valeurs et le sens des rapports. Cette méconnaissance des réalités essentielles est extrêmement grave. Elle nous mène infailliblement à la transgression des lois fondamentales de l'équilibre humain. Dans l'ordre musical, les conséquences en sont les suivantes: d'une part, on tend à détourner l'esprit de ce que j'appellerai les hautes mathématiques musicales pour ravaler la musique à des applications serviles et la vulgariser en la pliant aux exigences d'un utilitarisme élémentaire, ainsi que nous le verrons bientôt en étudiant la musique soviétique. D'autre part, comme l'esprit lui-même est malade, la musique de notre temps et très particulièrement celle qui se dit et qui se croit *pure*, porte en soi les marques d'une tare pathologique et propage les germes d'un nouveau péché originel; le vieux péché originel était essentiellement un péché de connaissance; le nouveau péché originel, si je puis ainsi parler, est d'abord et surtout un péché de non-reconnaissance — de non-reconnaissance de la vérité et des lois qui en découlent, lois que nous avons appelées fondamentales. Quelle est donc cette vérité dans l'ordre musical? Et quelles sont ses répercussions sur l'activité créatrice?

N'oublions pas qu'il est écrit: "L'Esprit souffle où Il veut." Ce que nous devons retenir dans cette proposition, c'est surtout le mot *veut*. L'Esprit est donc doué de la capacité de vouloir; ce principe de volonté spéculative est un fait.

Or c'est ce fait qu'on entend trop souvent discuter. On s'in-

THE COMPOSITION OF MUSIC

W E ARE LIVING at a time when the status of man is undergoing profound upheavals. Modern man is progressively losing his understanding of values and his sense of proportions. This failure to understand essential realities is extremely serious. It leads us infallibly to the violation of the fundamental laws of human equilibrium. In the domain of music, the consequences of this misunderstanding are these: on one hand there is a tendency to turn the mind away from what I shall call the higher mathematics of music in order to degrade music to servile employment, and to vulgarize it by adapting it to the requirements of an elementary utilitarianism — as we shall soon see on examining Soviet music. On the other hand, since the mind itself is ailing, the music of our time, and particularly the music that calls itself and believes itself *pure*, carries within it the symptoms of a pathologic blemish and spreads the germs of a new original sin. The old original sin was chiefly a sin of knowledge; the new original sin, if I may speak in these terms, is first and foremost a sin of non-acknowledgment — a refusal to acknowledge the truth and the laws that proceed therefrom, laws that we have called fundamental. What then is this truth in the domain of music? And what are its repercussions on creative activity?

Let us not forget that it is written: "Spiritus ubi vult spirat" (St. John, 3: 8). What we must retain in this proposition is above all the word WILL. The Spirit is thus endowed with the capacity of willing. The principle of speculative volition is a fact.

Now it is just this fact that is too often disputed. People question

quiète de la direction que prend le souffle de l'Esprit, non de la correction du travail de l'artisan. En l'espèce, quelque soit votre sens de l'ontologie, votre philosophie propre et vos croyances, vous devez confesser que vous vous attaquez à la liberté de l'esprit, que vous mettiez ou non une majuscule à ce grand mot. Philosophes chrétiens, vous nous refusez d'obéir à la notion du Saint Esprit. Agnostiques ou athées, vous ne vous refusez rien de moins que d'être des *libres-penseurs*. . . .

Il est à remarquer que ce fait n'entre jamais en discussion quand l'auditeur prend plaisir à l'œuvre qu'il écoute. Le moins averti des mélomanes s'accroche volontiers aux franges d'une œuvre; elle lui plaît pour des raisons le plus souvent tout extérieures à l'essence de la musique. Ce plaisir lui suffit, il n'appelle aucune justification. Mais s'il advient que la musique lui déplaise, notre mélomane demandera qu'on lui rende compte de sa déconvenue. Il exigera qu'on lui explique ce qui est par essence ineffable.

C'est aux fruits qu'on juge l'arbre. Jugez donc l'arbre d'après ses fruits et ne vous en prenez pas aux racines. La fonction donne raison à l'organe, si surprenant que puisse paraître cet organe aux yeux de ceux qui ne sont pas accoutumés à le voir fonctionner. Le monde des snobs est encombré de gens qui, comme le personnage de Montesquieu, se demandent comment on peut être Persan. Ils me font invinciblement penser à l'histoire du paysan qui, voyant pour la première fois un dromadaire dans un jardin zoologique, l'examine longuement, hoche la tête et déclare en s'en allant, pour la grande joie des assistants: "Cela n'est pas vrai."

C'est donc par le libre jeu de ses fonctions que l'œuvre se révèle et se justifie. Nous sommes libres d'adhérer ou non à ce jeu, mais il n'appartient à personne de contester le fait de son existence. Juger, discuter, critiquer le principe de volonté spéculative qui est à l'origine de toute création est donc d'une inutilité manifeste. A l'état pur la musique est une libre spécu-

the direction that the wind of the Spirit is taking, not the rightness of the artisan's work. In so doing, whatever may be your feelings about ontology or whatever your own philosophy and beliefs may be, you must admit that you are making an attack on the very freedom of the spirit — whether you begin this large word with a capital or not. If a believer in Christian philosophy, you would then also have to refuse to accept the idea of the Holy Spirit. If an agnostic or atheist, you would have to do nothing less than refuse to be a *free thinker* . . .

It should be noted that there is never any dispute when the listener takes pleasure in the work he hears. The least informed of music lovers readily clings to the periphery of a work; it pleases him for reasons that are most often entirely foreign to the essence of music. This pleasure is enough for him and calls for no justification. But if it happens that the music displeases him, our music lover will ask you for an explanation of his discomfiture. He will demand that we explain something that is in its essence ineffable.

By its fruit we judge the tree. Judge the tree by its fruit then, and do not meddle with the roots. Function justifies an organ, no matter how strange the organ may appear in the eyes of those who are not accustomed to see it functioning. Snobbish circles are cluttered with persons who, like one of Montesquieu's characters, wonder how one can possibly be a Persian. They make me think unfailingly of the story of the peasant who, on seeing a dromedary in the zoo for the first time, examines it at length, shakes his head and, turning to leave, says, to the great delight of those present: "It isn't true."

It is through the unhampered play of its functions, then, that a work is revealed and justified. We are free to accept or reject this play, but no one has the right to question the fact of its existence. To judge, dispute, and criticize the principle of speculative volition which is at the origin of all creation is thus manifestly useless. In the pure state, music is free speculation. Artists of all epochs have

lation; les créateurs de tous les temps ont toujours porté témoignage de ce concept. Pour moi, je ne vois aucune raison de ne pas essayer de faire comme eux. Créature moi-même, je ne peux pas ne pas avoir le désir de créer. A quoi répond ce désir de créer et comment ferai-je pour l'extérioriser?

L'étude du processus créateur est des plus délicates. Il est impossible, en effet, d'observer du dehors le développement intime de ce processus. Il est vain d'essayer d'en suivre les phases dans le travail d'autrui. Il est également difficile de s'observer soi-même. C'est pourtant en faisant appel à mon introspection que j'ai quelques chances de vous guider en cette matière essentiellement ondoyante.

La plupart des mélomanes croient que ce qui donne le branle à l'imagination créatrice du compositeur est un certain trouble émotif, généralement désigné du nom d'*inspiration*.

Je ne songe pas à refuser à l'inspiration le rôle éminent qui lui est dévolu dans la genèse que nous étudions; je prétends seulement qu'elle n'est aucunement la condition préalable de l'acte créateur, mais une manifestation secondaire dans l'ordre du temps.

Inspiration, art, artiste, autant de mots pour le moins fumeux qui nous empêchent de voir clair dans un domaine où tout est équilibre et calcul où passe le souffle de l'esprit spéculatif. C'est ensuite, mais ensuite seulement, que naîtra ce trouble émotif qui est à la base de l'inspiration et dont on parle impudiquement en lui donnant un sens qui nous gêne et qui compromet la chose même. N'est-il pas clair que cette émotion n'est qu'une réaction du créateur aux prises avec cette inconnue qui n'est encore que l'objet de sa création et qui doit devenir une œuvre? Chaînon par chaînon, maille par maille, il lui sera donné de le découvrir: c'est cette chaîne de découvertes, et chaque découverte par elle-même qui donnent naissance à l'émotion — réflexe quasi physiologique, comme l'appétit fait surgir la salive — cette émotion qui suit toujours, et de près, les étapes du processus créateur.

Toute création suppose à l'origine une sorte d'appétit que fait

unceasingly testified to this concept. For myself, I see no reason for not trying to do as they did. Since I myself was created, I cannot help having the desire to create. What sets this desire in motion, and what can I do to make it productive?

The study of the creative process is an extremely delicate one. In truth, it is impossible to observe the inner workings of this process from the outside. It is futile to try and follow its successive phases in someone else's work. It is likewise very difficult to observe one's self. Yet it is only by enlisting the aid of introspection that I may have any chance at all of guiding you in this essentially fluctuating matter.

Most music lovers believe that what sets the composer's creative imagination in motion is a certain emotive disturbance generally designated by the name of *inspiration*.

I have no thought of denying to inspiration the outstanding role that has devolved upon it in the generative process we are studying; I simply maintain that inspiration is in no way a prescribed condition of the creative act, but rather a manifestation that is chronologically secondary.

Inspiration, art, artist — so many words, hazy at least, that keep us from seeing clearly in a field where everything is balance and calculation through which the breath of the speculative spirit blows. It is afterwards, and only afterwards, that the emotive disturbance which is at the root of inspiration may arise — an emotive disturbance about which people talk so indelicately by conferring upon it a meaning that is shocking to us and that compromises the term itself. Is it not clear that this emotion is merely a reaction on the part of the creator grappling with that unknown entity which is still only the object of his creating and which is to become a work of art? Step by step, link by link, it will be granted him to discover the work. It is this chain of discoveries, as well as each individual discovery, that gives rise to the emotion — an almost physiological reflex, like that of the appetite causing a flow of saliva — this emotion which invariably follows closely the phases of the creative process.

All creation presupposes at its origin a sort of appetite that is

naître l'avant-goût de la découverte. Cet avant-goût de l'acte créateur accompagne l'intuition d'une inconnue déjà possédée mais non encore intelligible et qui ne sera définie que par l'effort d'une technique vigilante.

Cet appétit qui s'éveille en moi à la seule idée de mettre en ordre des éléments notés n'est pas du tout chose fortuite comme l'inspiration, mais habituelle et périodique, sinon constante, comme un besoin de nature.

Ce pressentiment d'une obligation, cet avant-goût d'un plaisir, ce réflexe conditionnel, comme dirait un physiologiste moderne, montre clairement que c'est l'idée de la découverte et du labeur qui m'attire.

Le fait même d'écrire mon œuvre, de mettre, comme on dit, la main à la pâte est inséparable pour moi du plaisir de la création. En ce qui me concerne, je ne puis séparer l'effort spirituel de l'effort psychologique et de l'effort physique; ils se présentent à moi sur le même plan et ne connaissent pas de hiérarchie.

Le mot *artiste* qui, dans le sens où on l'entend le plus généralement aujourd'hui, confère à celui qui le porte le plus haut prestige intellectuel, le privilège de passer pour un pur esprit, ce terme orgueilleux est tout à fait incompatible à mes yeux avec la condition de l'*homo faber*.

C'est ici le lieu de nous souvenir que, dans le domaine qui nous est dévolu, s'il est vrai que nous sommes *intellectuels*, notre office n'est pas de cogiter, mais d'opérer.

Le philosophe Jacques Maritain nous rappelle que dans la structure puissante de la civilisation médiévale, l'artiste avait seulement rang d'artisan, "et toute espèce de développement anarchique était interdite à son individualisme, parce qu'une naturelle discipline sociale lui imposait du dehors certaines conditions limitatives." C'est la Renaissance qui a inventé l'artiste, l'a distingué de l'artisan et a commencé d'exalter le premier aux dépens du second.

A l'origine, le nom d'artiste était donné seulement aux

brought on by the foretaste of discovery. This foretaste of the creative act accompanies the intuitive grasp of an unknown entity already possessed but not yet intelligible, an entity that will not take definite shape except by the action of a constantly vigilant technique.

This appetite that is aroused in me at the mere thought of putting in order musical elements that have attracted my attention is not at all a fortuitous thing like inspiration, but as habitual and periodic, if not as constant, as a natural need.

This premonition of an obligation, this foretaste of a pleasure, this conditioned reflex, as a modern physiologist would say, shows clearly that it is the idea of discovery and hard work that attracts me.

The very act of putting my work on paper, of, as we say, kneading the dough, is for me inseparable from the pleasure of creation. So far as I am concerned, I cannot separate the spiritual effort from the psychological and physical effort; they confront me on the same level and do not present a hierarchy.

The word *artist* which, as it is most generally understood today, bestows on its bearer the highest intellectual prestige, the privilege of being accepted as a pure mind — this pretentious term is in my view entirely incompatible with the role of the *homo faber*.

At this point it should be remembered that, whatever field of endeavor has fallen to our lot, if it is true that we are *intellectuals*, we are called upon not to cogitate, but to perform.

The philosopher Jacques Maritain reminds us that in the mighty structure of medieval civilization, the artist held only the rank of an artisan. "And his individualism was forbidden any sort of anarchic development, because a natural social discipline imposed certain limitative conditions upon him from without." It was the Renaissance that invented the artist, distinguished him from the artisan and began to exalt the former at the expense of the latter.

At the outset the name artist was given only to the Masters of

maîtres-ès-arts: philosophes, alchimistes, magiciens; mais peintres, sculpteurs, musiciens et poètes n'avaient droit qu'à la qualité d'artisans.

> Les artisans bien subtils
> Animent de leurs outilz
> L'airain, le marbre, le cuyvre

dit le poète du Bellay. Et Montaigne énumère dans ses *Essais* les "peintres, poètes ou aultres artizans." Au XVIIᵉ siècle encore, La Fontaine salue un peintre du nom d'artisan et se fait reprendre à ce propos par un critique de mauvaise humeur qui pourrait être l'ancêtre de la plupart des nôtres.

L'idée de l'œuvre à faire est tellement liée pour moi à l'idée de l'agencement et du plaisir qu'il nous procure par lui-même que si, par impossible, on venait à m'apporter mon œuvre tout achevée, j'en serais honteux et déconfit comme d'une mystification.

Nous avons un devoir envers la musique, c'est de l'inventer. Je me souviens qu'un jour, pendant la guerre, comme je passais la frontière française, un gendarme me demanda quelle était ma profession. Je lui répondis tout naturellement que j'étais inventeur de musique. Le gendarme, vérifiant alors mon passeport, me demanda pourquoi j'étais désigné en qualité de compositeur. Je lui répondis que l'expression inventeur de musique me paraissait répondre plus exactement au métier que j'exerce que celle qu'on m'attribue sur les documents qui m'autorisent à passer les frontières.

L'invention suppose l'imagination, mais ne doit pas être confondue avec elle. Car le fait d'inventer implique la nécessité d'une trouvaille et d'une réalisation. Ce que nous imaginons ne prend pas obligatoirement forme concrète et peut rester à l'état de virtualité, tandis que l'invention n'est pas concevable en dehors de sa mise en œuvre.

Ce qui nous occupe ici ce n'est donc pas l'imagination en soi,

Arts: philosophers, alchemists, magicians; but painters, sculptors, musicians, and poets had the right to be qualified only as artisans.

> Plying divers implements,
> The subtile artizan implants
> Life in marble, copper, bronze,

says the poet Du Bellay. And Montaigne enumerates in his *Essays* the "painters, poets and other artizans." And even in the seventeenth century, La Fontaine hails a painter with the name of *artisan* and draws a sharp rebuke from an ill-tempered critic who might have been the ancestor of most of our present-day critics.

The idea of work to be done is for me so closely bound up with the idea of the arranging of materials and of the pleasure that the actual doing of the work affords us that, should the impossible happen and my work suddenly be given to me in a perfectly completed form, I should be embarrassed and nonplussed by it, as by a hoax.

We have a duty towards music, namely, to invent it. I recall once during the war when I was crossing the French border a gendarme asked me what my profession was. I told him quite naturally that I was an inventor of music. The gendarme, then verifying my passport, asked me why I was listed as a composer. I told him that the expression "inventor of music" seemed to me to fit my profession more exactly than the term applied to me in the documents authorizing me to cross borders.

Invention presupposes imagination but should not be confused with it. For the act of invention implies the necessity of a lucky find and of achieving full realization of this find. What we imagine does not necessarily take on a concrete form and may remain in a state of virtuality, whereas invention is not conceivable apart from its actually being worked out.

Thus, what concerns us here is not imagination in itself, but rather

mais bien l'imagination créatrice: la faculté qui nous aide à passer du plan de la conception au plan de la réalisation.

Au cours de mon travail, je me heurte soudain à quelque chose d'inattendu. Cet élément inattendu me frappe. Je le note. A l'occasion je le mets à profit. Il ne faut pas confondre cet apport du fortuit avec ce caprice d'imagination que l'on nomme communément fantaisie. La fantaisie implique la volonté préétablie de s'abandonner au caprice. Bien différente est cette collaboration de l'inattendu qui tient de façon immanente à l'inertie du processus créateur et qui est lourde de possibilités qui n'ont pas été sollicitées et qui viennent à point pour fléchir ce qu'il y a toujours d'un peu trop rigoureux dans notre volonté nue. Il est bon d'ailleurs qu'il en soit ainsi.

"Dans tout ce qui s'incline avec grâce," dit quelque part G. K. Chesterton, "il faut qu'il y ait un effort de raideur. Les arcs sont beaux quand ils se courbent, seulement parce qu'ils essayent de demeurer rigides. La rigidité cédant un peu, comme la Justice inclinée par la Miséricorde, est toute la beauté de la terre. Toute chose essaie d'être droite, et, par bonheur, aucune n'y parvient. Essayez de grandir droit et la vie vous inclinera."

La faculté de créer ne nous est jamais donnée toute seule. Elle va toujours de pair avec le don d'observation. Et le véritable créateur se reconnaît à ce qu'il trouve toujours autour de lui, dans les choses les plus communes et les plus humbles, des éléments dignes de remarque. Il n'a que faire d'un beau paysage: il n'a pas besoin de s'entourer d'objets rares ou précieux. Il n'a pas besoin de courir à la recherche de la découverte: elle est toujours à portée de sa main. Il lui suffira de jeter un regard autour de lui. Ce qui est connu, ce qui est partout le sollicite. Le moindre accident le retient et conduit son opération. Si son doigt glisse, il le remarquera; à l'occasion, il tirera profit de l'imprévu que lui révèle une défaillance.

On ne crée pas l'accident: on le remarque pour s'en inspirer. C'est la seule chose, peut-être, qui nous inspire. Un composi-

creative imagination: the faculty that helps us to pass from the level of conception to the level of realization.

In the course of my labors I suddenly stumble upon something unexpected. This unexpected element strikes me. I make a note of it. At the proper time I put it to profitable use. This gift of chance must not be confused with that capriciousness of imagination that is commonly called fancy. Fancy implies a predetermined will to abandon one's self to caprice. The aforementioned assistance of the unexpected is something quite different. It is a collaboration which is immanently bound up with the inertia of the creative process and is heavy with possibilities which are unsolicited and come most appositely to temper the inevitable over-rigorousness of the naked will. And it is good that this is so.

"In everything that yields gracefully," G. K. Chesterton says somewhere, "there must be resistance. Bows are beautiful when they bend only because they seek to remain rigid. Rigidity that slightly yields, like Justice swayed by Pity, is all the beauty of earth. Everything seeks to grow straight, and happily, nothing succeeds in so growing. Try to grow straight and life will bend you."

The faculty of creating is never given to us all by itself. It always goes hand in hand with the gift of observation. And the true creator may be recognized by his ability always to find about him, in the commonest and humblest thing, items worthy of note. He does not have to concern himself with a beautiful landscape, he does not need to surround himself with rare and precious objects. He does not have to put forth in search of discoveries: they are always within his reach. He will have only to cast a glance about him. Familiar things, things that are everywhere, attract his attention. The least accident holds his interest and guides his operations. If his finger slips, he will notice it; on occasion, he may draw profit from something unforeseen that a momentary lapse reveals to him.

One does not contrive an accident: one observes it to draw inspiration therefrom. An accident is perhaps the only thing that really

teur prélude comme un animal fouille. L'un et l'autre fouillent parce qu'ils cèdent au besoin de chercher. A quoi répond cette investigation chez le compositeur? A la règle qu'il porte sur soi comme un pénitent? Non: il est en quête de son plaisir. Il cherche une satisfaction qu'il sait bien qu'il ne trouvera pas sans un effort préalable. On ne s'efforce pas d'aimer; mais l'aimer suppose le connaître, et pour connaître il faut s'évertuer.

C'est le même problème que se posaient, au Moyen-Age, les théologiens du pur amour. Connaître pour aimer; aimer pour connaître: nous ne tournons pas ici dans un cercle sans fin: nous nous élevons dans une spirale, pourvu que nous ayons fait un effort de principe, voire un exercice de routine.

Pascal n'a pas autre chose en vue, quand il écrit que la coutume "incline l'automate, qui incline l'esprit sans qu'il y pense. Car il ne faut pas se méconnaître," poursuit Pascal, "nous sommes automate autant qu'esprit. . . ."

Nous fouillons donc dans l'attente de notre plaisir, guidés par notre flair et soudain nous nous heurtons à un obstacle inconnu. Nous en éprouvons une secousse, un choc et ce choc féconde notre puissance créatrice.

La faculté d'observer et de tirer parti de ses remarques n'appartient qu'à celui qui possède au moins, dans l'ordre où il opère, une culture acquise et un goût inné. Un marchand, un amateur qui achète le premier les toiles d'un peintre inconnu qui sera célèbre vingt ans plus tard sous le nom de Cézanne, ne nous fournit-il pas un exemple manifeste de ce goût inné? Qu'est-ce donc qui guide son choix? Un flair, un instinct dont procède ce goût, faculté toute spontanée, antérieure à la réflexion.

Quant à la culture, c'est une sorte d'élevage qui, dans l'ordre social, confère le poli de l'éducation, nourrit et achève l'instruction. Cet élevage s'exerce pareillement dans le domaine du goût. Il est essentiel au créateur, qui doit sans cesse affiner son goût sous peine de perdre sa perspicacité. Notre esprit, comme

inspires us. A composer improvises aimlessly the way an animal grubs about. Both of them go grubbing about because they yield to a compulsion to seek things out. What urge of the composer is satisfied by this investigation? The rules with which, like a penitent, he is burdened? No: he is in quest of his pleasure. He seeks a satisfaction that he fully knows he will not find without first striving for it. One cannot force one's self to love; but love presupposes understanding, and in order to understand, one must exert one's self.

It is the same problem that was posed in the Middle Ages by the theologians of pure love. To understand in order to love; to love in order to understand: we are here not going around in a vicious circle; we are rising spirally, providing we have made an initial effort, have even just gone through a routine exercise.

Pascal has specifically this in mind when he writes that custom "controls the automaton, which in its turn unthinkingly controls the mind. For there must be no mistake," continues Pascal, "we are automatons just as much as we are minds . . ."

So we grub about in expectation of our pleasure, guided by our scent, and suddenly we stumble against an unknown obstacle. It gives us a jolt, a shock, and this shock fecundates our creative power.

The faculty of observation and of making something out of what is observed belongs only to the person who at least possesses, in his particular field of endeavor, an acquired culture and an innate taste. A dealer, an art lover who is the first to buy the canvases of an unknown painter who will be famous twenty-five years later under the name of Cézanne — doesn't such a person give us a clear example of this innate taste? What else guides him in his choice? A flair, an instinct from which this taste proceeds, a completely spontaneous faculty anterior to reflection.

As for culture, it is a sort of upbringing which, in the social sphere, confers polish upon education, sustains and rounds out academic instruction. This upbringing is just as important in the sphere of taste and is essential to the creator who must ceaselessly refine his taste or run the risk of losing his perspicacity. Our mind,

notre corps, requiert un continuel exercice; il s'atrophie si nous ne le cultivons pas.

C'est la culture qui met le goût en pleine valeur et lui permet de se prouver par son seul exercice. L'artiste se l'impose à soi-même et finit par l'imposer à autrui. C'est ainsi que s'établit la tradition.

La tradition est bien autre chose qu'une habitude, même excellente, puisque l'habitude est, par définition, une acquisition inconsciente et qui tend à devenir machinale, alors que la tradition résulte d'une acceptation consciente et délibérée. Une tradition véritable n'est pas le témoignage d'un passé révolu; c'est une force vivante qui anime et informe le présent. En ce sens, le paradoxe est vrai, qui affirme plaisamment que tout ce qui n'est pas tradition est plagiat. . . .

Bien loin d'impliquer la répétition de ce qui fut, la tradition suppose la réalité de ce qui dure. Elle apparaît comme un bien de famille, un héritage qu'on reçoit sous condition de le faire fructifier avant de le transmettre à sa descendance.

Brahms est né soixante ans après Beethoven. De l'un à l'autre, et de tout point, la distance est grande, ils ne s'habillent pas de la même façon, mais Brahms suit la tradition de Beethoven sans lui emprunter aucune pièce de son habillement. Car l'emprunt d'un procédé n'a rien à voir avec l'observance d'une tradition. "On replace un procédé: on renoue une tradition pour faire du nouveau." La tradition assure ainsi la continuité de la création. L'exemple que je viens de vous citer ne constitue pas une exception, mais un témoignage entre cent, d'une loi constante. Ce sens de la tradition qui est un besoin de nature ne doit pas être confondu avec le désir qu'un compositeur éprouve d'affirmer la parenté qu'il se découvre à travers les siècles avec un maître du passé.

Mon opéra de *Mavra* est né d'une sympathie naturelle pour l'ensemble de tendances mélodiques, pour le style vocal et le langage conventionnel que j'admirais toujours davantage dans

as well as our body, requires continual exercise. It atrophies if we do not cultivate it.

It is culture that brings out the full value of taste and gives it a. chance to prove its worth simply by its application. The artist imposes a culture upon himself and ends by imposing it upon others. That is how tradition becomes established.

Tradition is entirely different from habit, even from an excellent habit, since habit is by definition an unconscious acquisition and tends to become mechanical, whereas tradition results from a conscious and deliberate acceptance. A real tradition is not the relic of a past that is irretrievably gone; it is a living force that animates and informs the present. In this sense the paradox which banteringly maintains that everything which is not tradition is plagiarism, is true . . .

Far from implying the repetition of what has been, tradition presupposes the reality of what endures. It appears as an heirloom, a heritage that one receives on condition of making it bear fruit before passing it on to one's descendants.

Brahms was born sixty years after Beethoven. From the one to the other, and from every aspect, the distance is great; they do not dress the same way, but Brahms follows the tradition of Beethoven without borrowing one of his habiliments. For the borrowing of a method has nothing to do with observing a tradition. "A method is replaced: a tradition is carried forward in order to produce something new." Tradition thus assures the continuity of creation. The example that I have just cited does not constitute an exception but is one proof out of a hundred of a constant law. This sense of tradition which is a natural need must not be confused with the desire which the composer feels to affirm the kinship he finds across the centuries with some master of the past.

My opera *Mavra* was born of a natural sympathy for the body of melodic tendencies, for the vocal style and conventional language which I came to admire more and more in the old Russo-Italian

l'ancien opéra russo-italien. Cette sympathie m'a guidé spontanément sur le chemin d'une tradition que l'on croyait perdue au moment où l'attention des milieux musicaux était tournée tout entière vers le drame lyrique, ce drame lyrique qui ne représentait aucune tradition du point de vue historique et qui ne répondait à aucune nécessité du point de vue musical. La vogue du drame lyrique ressortissait de la pathologie. Hélas l'admirable musique de *Pelléas et Mélisande,* si fraîche en son humilité, était elle-même incapable de nous tirer d'affaire malgré tant d'éléments qui l'affranchissaient de la tyrannie du système wagnérien.

La musique de *Mavra* se tient dans la tradition de Glinka et de Dargomisky. Je n'ai pas pensé à la renouveler le moins du monde. J'ai voulu seulement m'exercer à mon tour sur cette forme vivante d'opéra-bouffe qui convenait si bien à la nouvelle de Pouchkine qui m'en a donné le prétexte. *Mavra* est dédiée à la mémoire de ces auteurs dont aucun n'aurait reconnu pour valable, j'en suis sûr, une telle manifestation de la tradition qu'ils ont créée, à cause de la nouveauté du langage que ma musique parle cent ans après ses modèles. Mais j'ai voulu renouveler le style de ces dialogues en musique dont les voix avaient été couvertes et méprisées par le tintamarre du drame lyrique. Il fallait donc qu'il se passât cent ans pour qu'on pût constater la fraîcheur de cette tradition qui continuait à vivre en marge du présent et où circulait un air salubre, bien fait pour nous délivrer des miasmes du drame lyrique dont la morgue emphatique ne pouvait dissimuler la vacuité.

Ce n'est pas sans motif que je cherche querelle au fameux *Gesammt Kunstwerk.* Je ne lui reproche pas seulement son manque de tradition, sa suffisance de nouveau riche: ce qui aggrave son cas, c'est que l'application de ses théories a porté un coup terrible à la musique même. A toute époque d'anarchie spirituelle où l'homme, ayant perdu le sens et le goût de l'ontologie s'effraye de lui-même et de son destin, on voit tou-

opera. This sympathy guided me quite naturally along the path of a tradition that seemed to be lost at the moment when the attention of musical circles was turned entirely towards the music drama, which represented no tradition at all from the historical point of view and which fulfilled no necessity at all from the musical point of view. The vogue of the music drama had a pathological origin. Alas, even the admirable music of *Pelléas et Mélisande*, so fresh in its modesty, was unable to get us into the open, in spite of so many characteristics with which it shook off the tyranny of the Wagnerian system.

The music of *Mavra* stays within the tradition of Glinka and Dargomisky. I had not the slightest intention of reestablishing this tradition. I simply wanted in my turn to try my hand at the living form of the *opéra-bouffe* which was so well suited to the Pushkin tale which gave me my subject. *Mavra* is dedicated to the memory of composers, not one of whom, I am sure, would have recognized as valid such a manifestation of the tradition they created, because of the novelty of the language my music speaks a hundred years after its models flourished. But I wanted to renew the style of these dialogues-in-music whose voices had been reviled and drowned out by the clang and clatter of the music drama. So a hundred years had to pass before the freshness of the Russo-Italian tradition could again be appreciated, a tradition that continued to live apart from the main stream of the present, and in which circulated a salubrious air, well adapted to delivering us from the miasmic vapors of the music drama, the inflated arrogance of which could not conceal its vacuity.

I am not without motive in provoking a quarrel with the notorious *Synthesis of the Arts*. I do not merely condemn it for its lack of tradition, its *nouveau riche* smugness. What makes its case much worse is the fact that the application of its theories has inflicted a terrible blow upon music itself. In every period of spiritual anarchy wherein man, having lost his feeling and taste for ontology, takes fright at himself and at his destiny, there always appears one of

jours paraître une de ces gnoses qui servent de religion à ceux qui n'en ont plus, de même qu'aux périodes de crises internationales, une armée de mages, de fakirs et de somnambules accapare la publicité des journaux. Nous pouvons en parler d'autant plus librement que les beaux jours du Wagnérisme sont révolus et que la distance qui nous en sépare nous permet de remettre les choses à leur place. Les esprits solides n'ont d'ailleurs jamais cru au paradis du *Gesammt Kunstwerk* et ont toujours estimé ses prestiges à leur prix.

J'ai dit que je ne voyais aucune nécessité pour la musique d'adopter un pareil système dramatique; il y a plus: j'estime que ce système, bien loin d'élever la culture musicale n'a cessé de la faire déchoir et a fini par l'abaisser de la façon la plus paradoxale. On allait autrefois à l'Opéra pour s'y divertir en y écoutant des ouvrages de musique facile. On y revint ensuite pour y bâiller à des drames où la musique arbitrairement paralysée par des contraintes étrangères à ses propres lois ne pouvait que lasser l'auditoire le plus attentif malgré tout le grand talent déployé par Wagner.

Ainsi, de la musique impudiquement considérée comme une jouissance purement sensuelle, on est passé sans transition aux obscures fadaises de l'Art-religion, avec sa ferblanterie héroïque, avec son arsenal mystique et guerrier et son vocabulaire frotté de religiosité frelatée. En sorte que la musique ne cessa d'être méprisée que pour se voir étouffée sous des fleurs de littérature. Elle ne parvint à obtenir l'audience du public cultivé qu'à la faveur du malentendu qui tendait à faire du drame un composé de symboles et de la musique même un objet de spéculation philosophique. C'est ainsi que l'esprit spéculatif s'est trompé d'adresse et a trahi la musique sous couleur de la mieux servir.

La musique fondée sur des principes opposés n'a malheureusement pas encore fait ses preuves dans l'époque où nous vivons. Il est curieux de noter que c'est un musicien qui se proclamait lui-même wagnérien, le Français Chabrier, qui a su maintenir

these gnosticisms which serve as a religion for those who no longer have a religion, just as in periods of international crises an army of soothsayers, fakirs, and clairvoyants monopolizes journalistic publicity. We can speak of these things all the more freely in view of the fact that the halcyon days of Wagnerism are past and that the distance which separates us from them permits us to set matters straight again. Sound minds, moreover, never believed in the paradise of the *Synthesis of the Arts* and have always recognized its enchantments at their true worth.

I have said that I never saw any necessity for music to adopt such a dramatic system. I shall add something more: I hold that this system, far from having raised the level of musical culture, has never ceased to undermine it and finally to debase it in the most paradoxical fashion. In the past one went to the opera for the diversion offered by facile musical works. Later on one returned to it in order to yawn at dramas in which music, arbitrarily paralyzed by constraints foreign to its own laws, could not help tiring out the most attentive audience in spite of the great talent displayed by Wagner.

So, from music shamelessly considered as a purely sensual delight, we passed without transition to the murky inanities of the Art Religion, with its heroic hardware, its arsenal of warrior mysticism and its vocabulary seasoned with an adulterated religiosity. So that as soon as music ceased to be scorned, it was only to find itself smothered under literary flowers. It succeeded in getting a hearing from the cultured public thanks only to a misunderstanding which tended to turn drama into a hodgepodge of symbols, and music itself into an object of philosophical speculation. That is how the speculative spirit came to lose its course and how it came to betray music while ostensibly trying to serve it the better.

Music based upon the opposite principles has, unfortunately, not yet given proofs of its worth in our own period. It is curious to note that it was a musician who proclaimed himself a Wagnerian, the Frenchman Chabrier, who was able to maintain the sound tradition

la saine tradition de l'art dramatique en ces temps difficiles et qui a excellé dans le genre de l'opéra-comique français en pleine vogue wagnérienne, de pair avec quelques uns de ses compatriotes. N'est-ce pas cette tradition qui se prolonge dans la gerbe de chefs d'œuvre qui se nomment le *Médecin malgré lui*, la *Colombe, Philémon et Baucis*, de Gounod; *Lakmé, Coppelia, Sylvia*, de Léo Delibes; *Carmen*, de Bizet; le *Roi malgré lui*, l'*Etoile*, de Chabrier, la *Béarnaise, Véronique*, de Messager à quoi vient s'ajouter aujourd'hui la *Chartreuse de Parme* du jeune Henri Sauguet?

Fallait-il que le poison du drame lyrique fut subtil et tenace pour s'être insinué jusque dans les veines de ce colosse qu'est Verdi?

Et comment ne pas regretter que ce maître de l'Opéra traditionnel parvenu au terme d'une longue vie jalonnée par tant de chefs d'œuvres authentiques ait couronné sa carrière par ce *Falstaff* qui, s'il n'est pas le meilleur ouvrage de Wagner, n'est pas davantage le meilleur opéra de Verdi?

Je sais que je vais à l'encontre de l'opinion commune qui veut que le meilleur Verdi réside dans l'altération du génie auquel nous devons *Rigoletto, le Trouvère, Aïda* et *la Traviata*. Je sais que je défends précisément ce que l'élite d'avant-hier méprisait dans l'œuvre de ce grand compositeur. J'en suis fâché; mais je prétends qu'il y a plus de substance et plus d'invention véritable dans l'air de la *Donna e mobile*, par exemple, où cette élite ne voyait que déplorable facilité, que dans la rhétorique et les vociférations de la *Tétralogie*.

Qu'on le veuille ou non, le drame wagnérien trahit une continuelle enflure. Ses brillantes improvisations gonflent démesurément la symphonie et la nourrissent moins que l'invention tout à la fois modeste et aristocratique qui éclate à chaque page de Verdi.

Je vous ai prévenus au début de mes cours que je reviendrais sans cesse sur la nécessité de l'ordre et de la discipline; me

of dramatic art in those difficult times and who excelled in the French *opéra comique* along with a few of his compatriots, at the very height of the Wagnerian vogue. Is not this the tradition that is continued in the sparkling group of masterpieces that are called *Le Médecin malgré lui, La Colombe, Philémon et Baucis* of Gounod; *Lakmé, Coppélia, Sylvia* of Léo Delibes; *Carmen* by Bizet; *Le Roi malgré lui, L'Etoile* of Chabrier; *La Béarnaise, Véronique* of Messager — to which has just recently been added *La Chartreuse de Parme* by the young Henri Sauguet?

Think how subtle and clinging the poison of the music drama was to have insinuated itself even into the veins of the colossus Verdi.

How can we help regretting that this master of the traditional opera, at the end of a long life studded with so many authentic masterpieces, climaxed his career with *Falstaff* which, if it is not Wagner's best work, is not Verdi's best opera either?

I know that I am going counter to the general opinion that sees Verdi's best work in the deterioration of the genius that gave us *Rigoletto, Il Trovatore, Aida,* and *La Traviata.* I know I am defending precisely what the elite of the recent past belittled in the works of this great composer. I regret having to say so; but I maintain that there is more substance and true invention in the aria *La donna è mobile,* for example, in which this elite saw nothing but deplorable facility, than in the rhetoric and vociferations of the *Ring.*

Whether we admit it or not, the Wagnerian drama reveals continual bombast. Its brilliant improvisations inflate the symphony beyond all proportion and give it less real substance than the invention, at once modest and aristocratic, that blossoms forth on every page of Verdi.

At the beginning of my course I gave notice that I would continually come back to the necessity for order and discipline; and here

voici amené à vous ennuyer encore en revenant sur le même propos.

La musique de Richard Wagner est plus d'improvisation que de construction, au sens musical spécifique. Les airs, les ensembles et leurs rapports réciproques dans la structure d'un opéra confèrent à l'œuvre tout entière une cohérence qui n'est que la manifestation extérieure et visible d'un ordre interne et profond.

L'antagonisme de Wagner et de Verdi vient à point illustrer ma pensée à cet égard.

Tandis qu'on abandonnait Verdi au répertoire des orgues de Barbarie, on se plaisait à saluer en Wagner le révolutionnaire type. Rien n'est plus significatif que cet abandon de l'ordre à la muse des carrefours, au moment où l'on glorifie le sublime dans le culte du désordre.

L'œuvre de Wagner répond à une tendance qui n'est pas à proprement parler un désordre, mais qui tâche de suppléer à un manque d'ordre. Le système de la mélodie infinie traduit parfaitement cette tendance. C'est le perpétuel devenir d'une musique qui n'avait aucun motif de commencer, comme elle n'a aucune raison de finir. La mélodie infinie apparaît ainsi comme un outrage à la dignité et à la fonction même de la mélodie qui est, nous l'avons dit, le chant musical d'une phrase cadencée. Sous l'influence de Wagner les lois qui assurent la vie du chant se sont trouvé transgressées et la musique a perdu le sourire mélodique. Cette façon de faire répondait peut-être à un besoin; mais ce besoin n'était pas compatible avec les possibilités de l'art musical qui est limité dans son expression à proportion des limites de l'organe qui le perçoit. Un mode de composition qui ne s'assigne pas à lui-même des bornes devient pure fantaisie. Les effets qu'il produit peuvent amuser par accident mais ne sont pas susceptibles de répétition. Je ne puis concevoir une fantaisie qui se répète, car elle ne peut se répéter qu'à son détriment.

Entendons-nous sur ce mot de fantaisie. Nous ne prenons

I must weary you again by returning to the same theme.

Richard Wagner's music is more improvised than constructed, in the specific musical sense. Arias, ensembles, and their reciprocal relationships in the structure of an opera confer upon the whole work a coherence that is merely the external and visible manifestation of an internal and profound order.

The antagonism of Wagner and Verdi very neatly illustrates my thoughts on this subject.

While Verdi was being relegated to the organ-grinder's repertory, it was fashionable to hail in Wagner the typical revolutionary. Nothing is more significant than this relegation of order to the muse of the street corners at the moment when one found sublimity in the cult of disorder.

Wagner's work corresponds to a tendency that is not, properly speaking, a disorder, but one which tries to compensate for a lack of order. The principle of the endless melody perfectly illustrates this tendency. It is the perpetual becoming of a music that never had any reason for starting, any more than it has any reason for ending. Endless melody thus appears as an insult to the dignity and to the very function of melody which, as we have said, is the musical intonation of a cadenced phrase. Under the influence of Wagner the laws that secure the life of song found themselves violated, and music lost its melodic smile. Perhaps his method of doing things answered a need; but this need was not compatible with the possibilities of musical art, for musical art is limited in its expression in a measure corresponding exactly to the limitations of the organ that perceives it. A mode of composition that does not assign itself limits becomes pure fantasy. The effects it produces may accidentally amuse but are not capable of being repeated. I cannot conceive of a fantasy that is repeated, for it can be repeated only to its detriment.

Let us understand each other in regard to this word fantasy. We

pas le mot au sens qui s'attache à une forme musicale déterminée, mais dans l'acception qui suppose un abandon de soi
aux caprices de l'imagination. Ce qui suppose que la volonté
de l'auteur est volontairement paralysée. Car l'imagination n'est
pas seulement la mère du caprice mais la servante et la pour-
voyeuse de la volonté créatrice.

La fonction de créateur est de passer au crible les éléments
qu'il en reçoit, car il faut que l'activité humaine s'impose à
elle-même ses limites. Plus l'art est contrôlé, limité, travaillé et
plus il est libre.

En ce qui me concerne, j'éprouve une espèce de terreur quand,
au moment de me mettre au travail et devant l'infini des possibilités offertes j'éprouve la sensation que tout m'est permis.
Si tout m'est permis, le meilleur et le pire; si rien ne m'offre de
résistance, tout effort est inconcevable, je ne puis fonder sur
rien et toute entreprise dès lors est vaine.

Suis-je donc obligé de me perdre dans cet abîme de liberté?
A quoi m'attacherai-je pour échapper au vertige qui me prend
devant la virtualité de cet infini? Pourtant je ne périrai pas.
Je vaincrai ma terreur et me rassurerai à l'idée que je dispose
des sept notes de la gamme et de ses intervalles chromatiques,
que le temps fort et le temps faible sont à ma portée et que je
tiens ainsi des éléments solides et concrets qui m'offrent un
champ d'expérience tout aussi vastes que ce troublant et ver-
tigineux infini qui m'effrayait tout à l'heure. C'est de ce champ
que je vais tirer mes racines, bien persuadé que les combinaisons
qui disposent de douze sons à chaque octave et de toutes ces
variétés de la rythmique me promettent des richesses que toute
l'activité du génie humain n'épuisera jamais.

Ce qui me tire de l'angoisse où me plonge une liberté sans
condition c'est que j'ai toujours la faculté de m'adresser immédiatement aux choses concrètes qui sont ici en question. Je
n'ai que faire d'une liberté théorique. Qu'on me donne du fini,
du défini, de la matière qui ne peut servir à mon opération que

84

are not using the word in the sense in which it is connected with a definite musical form, but in the acceptation which presupposes an abandonment of one's self to the caprices of imagination. And this presupposes that the composer's will is voluntarily paralyzed. For imagination is not only the mother of caprice but the servant and handmaiden of the creative will as well.

The creator's function is to sift the elements he receives from her, for human activity must impose limits upon itself. The more art is controlled, limited, worked over, the more it is free.

As for myself, I experience a sort of terror when, at the moment of setting to work and finding myself before the infinitude of possibilities that present themselves, I have the feeling that everything is permissible to me. If everything is permissible to me, the best and the worst; if nothing offers me any resistance, then any effort is inconceivable, and I cannot use anything as a basis, and consequently every undertaking becomes futile.

Will I then have to lose myself in this abyss of freedom? To what shall I cling in order to escape the dizziness that seizes me before the virtuality of this infinitude? However, I shall not succumb. I shall overcome my terror and shall be reassured by the thought that I have the seven notes of the scale and its chromatic intervals at my disposal, that strong and weak accents are within my reach, and that in all of these I possess solid and concrete elements which offer me a field of experience just as vast as the upsetting and dizzy infinitude that had just frightened me. It is into this field that I shall sink my roots, fully convinced that combinations which have at their disposal twelve sounds in each octave and all possible rhythmic varieties promise me riches that all the activity of human genius will never exhaust.

What delivers me from the anguish into which an unrestricted freedom plunges me is the fact that I am always able to turn immediately to the concrete things that are here in question. I have no use for a theoretic freedom. Let me have something finite, definite — matter that can lend itself to my operation only insofar as it

pour autant qu'elle est à la mesure de mes possibilités. Elle se donne à moi avec ses limites. A mon tour de lui imposer les miennes. Nous voici donc entrés, bon gré mal gré, dans le royaume de la nécessité. Et pourtant qui de nous a jamais entendu parler autrement de l'art que comme d'un royaume de liberté? Cette espèce d'hérésie est uniformément répandue parce qu'on s'imagine que l'Art est en dehors de l'activité commune. Or, en art comme en toute chose, on ne bâtit que sur un fonds résistant: ce qui s'oppose à l'appui s'oppose aussi au mouvement.

Ma liberté consiste donc à me mouvoir dans le cadre étroit que je me suis à moi-même assigné pour chacune de mes entreprises.

Je dirai plus: ma liberté sera d'autant plus grande et plus profonde que je limiterai plus étroitement mon champ d'action et que je m'entourerai de plus d'obstacles. Ce qui m'ôte une gêne m'ôte une force. Plus on s'impose de contraintes et plus on se libère de ces chaînes qui entravent l'esprit.

A la voix qui me commande de créer, je réponds d'abord avec effroi, je me rassure ensuite en prenant pour armes les choses qui participent de la création mais qui lui sont encore extérieures; et l'arbitraire de la contrainte n'est là que pour obtenir la rigueur de l'exécution.

Nous conclurons de tout ceci à la nécessité de dogmatiser sous peine de manquer le but. Si ces mots nous gênent et s'ils nous semblent durs nous pouvons nous abstenir de les prononcer. Ils n'en contiennent pas moins le secret du salut: "Il est évident," écrit Baudelaire, "que les rhétoriques et les prosodies ne sont pas des tyrannies inventées arbitrairement, mais une collection de règles réclamées par l'organisation même de l'être spirituel, et jamais les prosodies et les rhétoriques n'ont empêché l'originalité de se produire distinctement. Le contraire, à savoir qu'elles ont aidé l'éclosion de l'originalité, serait infiniment plus vrai."

is commensurate with my possibilities. And such matter presents itself to me together with its limitations. I must in turn impose mine upon it. So here we are, whether we like it or not, in the realm of necessity. And yet which of us has ever heard talk of art as other than a realm of freedom? This sort of heresy is uniformly widespread because it is imagined that art is outside the bounds of ordinary activity. Well, in art as in everything else, one can build only upon a resisting foundation: whatever constantly gives way to pressure, constantly renders movement impossible.

My freedom thus consists in my moving about within the narrow frame that I have assigned myself for each one of my undertakings.

I shall go even further: my freedom will be so much the greater and more meaningful the more narrowly I limit my field of action and the more I surround myself with obstacles. Whatever diminishes constraint, diminishes strength. The more constraints one imposes, the more one frees one's self of the chains that shackle the spirit.

To the voice that commands me to create I first respond with fright; then I reassure myself by taking up as weapons those things participating in creation but as yet outside of it; and the arbitrariness of the constraint serves only to obtain precision of execution.

From all this we shall conclude the necessity of dogmatizing on pain of missing our goal. If these words annoy us and seem harsh, we can abstain from pronouncing them. For all that, they nonetheless contain the secret of salvation: "It is evident," writes Baudelaire, "that rhetorics and prosodies are not arbitrarily invented tyrannies, but a collection of rules demanded by the very organization of the spiritual being, and never have prosodies and rhetorics kept originality from fully manifesting itself. The contrary, that is to say, that they have aided the flowering of originality, would be infinitely more true."

TYPOLOGIE MUSICALE

TOUT ART présume un travail de choix. Le plus souvent, quand je me mets à l'œuvre, mon but n'est pas précis. A ce stade de mon opération, si l'on me demandait ce que je veux, j'aurais bien de la peine à le dire; mais je répondrai toujours avec précision quand on me demandera ce que je ne veux pas.

Procéder par élimination — savoir *écarter*, comme on dit au jeu, telle est la grande technique du choix. Et nous retrouvons ici la recherche du l'*Un* à travers le *Multiple* que nous avons évoquée dans notre deuxième leçon.

J'aurais bien de la difficulté à montrer de quelle manière ce principe s'incarne dans ma musique. Je tâcherai de le faire sentir plutôt par l'exposé de mes tendances générales que par l'exemple de faits particuliers. En procédant par juxtaposition de tons vivement heurtés, je puis produire une sensation immédiate et violente. Si au contraire je m'ingénie à rapprocher des couleurs voisines, j'arrive moins directement, mais plus sûrement au but. Le principe de cette méthode nous révèle l'activité subconsciente qui nous incline vers l'unité; car nous préférons instinctivement la cohérence et sa force tranquille aux puissances inquiètes de la dispersion — le royaume de l'ordre au royaume de la dissimilitude.

Puisque ma propre expérience me montre la nécessité d'écarter pour choisir et de distinguer pour unir, il me semble que je peux appliquer ce principe en l'étendant à l'ensemble de la musique afin d'établir un tableau perspectif, une vue stéréoscopique de l'histoire de mon art et de voir ce qui constitue la physionomie propre d'un compositeur ou d'une Ecole.

FOURTH LESSON

MUSICAL TYPOLOGY

A LL ART presupposes a work of selection. Usually when I set to work my goal is not definite. If I were asked what I wanted at this stage of the creative process, I should be hard pressed to say. But I should always give an exact answer when asked what I did *not* want.

To proceed by elimination — to know how to *discard*, as the gambler says, that is the great technique of selection. And here again we find the search for the *One* out of the *Many* to which we referred in our second lesson.

I should find it very hard to show in what way this principle is embodied in my music. I shall try to convey it to you rather by setting forth my general tendencies than by citing particular facts as examples: if I proceed by the juxtaposition of strongly clashing tones, I can produce an immediate and violent sensation. If, on the other hand, I contrive to bring together closely related colors, I attain my goal less directly but more surely. The principle of this method reveals the subconscious activity that makes us incline towards unity; for we instinctively prefer coherence and its quiet strength to the restless powers of dispersion — that is, we prefer the realm of order to the realm of dissimilarity.

Since my own experience shows me the necessity of discarding in order to select and the necessity of differentiating in order to unite, it seems to me that by extension I can apply this principle to the whole of music, thereby to establish a picture in perspective, a stereoscopic view of the history of my art and also to see what constitutes the real physiognomy of a composer or of a school.

Ce sera notre contribution à l'étude des types musicaux — à la typologie — et à l'examen du problème du style.

Le style est la façon particulière dont un auteur ordonne ses concepts et parle la langue de son métier. La langue est l'élément commun aux compositeurs d'une Ecole ou d'une époque déterminée. Les physionomies musicales de Mozart et celle de Haydn vous sont certainement bien connues, et vous n'êtes certainement pas sans avoir remarqué que ces compositeurs sont visiblement apparentés l'un à l'autre, bien que ceux pour qui la langue du temps est familière arrivent aisément à les distinguer.

Le costume que la mode impose aux hommes d'une même génération commande à ceux qui les portent une gesticulation particulière, une allure, une démarche communes, conditionnées par la disposition des vêtements. De même l'appareil musical dont use une époque marque de son empreinte la langue et, pour ainsi parler, le geste musical, ainsi que l'attitude du compositeur envers la matière sonore. Ces éléments sont les facteurs immédiats de cet ensemble de particularités qui nous aident à déterminer la formation du langage musical et du style.

Inutile de vous dire que ce qu'on appelle le style d'une époque résulte de la combinaison des styles particuliers où domine la manière des auteurs qui ont exercé sur leur temps une influence prépondérante.

Nous pouvons constater, en reprenant l'exemple de Mozart et de Haydn, qu'ils ont bénéficié de la même culture, puisé aux mêmes sources et se sont mutuellement emprunté leurs trouvailles. Chacun d'eux, pourtant, a son miracle à lui particulier.

On dirait que les maîtres qui dépassent de toute leur grandeur le commun de leurs contemporains, projettent bien au-delà du présent le rayonnement de leur génie. Ils apparaissent ainsi comme de puissants foyers — des phares selon l'expression de Baudelaire — à la lumière et à la chaleur desquels se développe un ensemble de tendances qui resteront communes à la plupart

This will be our contribution to the study of musical types — to typology — and to an examination of the problem of style.

Style is the particular way a composer organizes his conceptions and speaks the language of his craft. This musical language is the element common to the composers of a particular school or epoch. Certainly the musical physiognomies of Mozart and Haydn are well known to you, and certainly you have not failed to notice that these composers are obviously related to each other, although it is easy for those who are familiar with the language of the period to distinguish them.

The attire that fashion prescribes for men of the same generation imposes upon its wearers a particular kind of gesture, a common carriage and bearing, that are conditioned by the cut of the clothes. In a like manner the musical apparel worn by an epoch leaves its stamp upon the language and, so to speak, upon the gestures of its music, as well as upon the composer's attitude towards tonal materials. These elements are the immediate factors of the mass of particulars that help us to determine how musical language and style are formed.

There is no need to tell you that what is called the style of an epoch results from a combination of individual styles, a combination which is dominated by the methods of the composers who have exerted a preponderant influence on their time.

We can notice, going back to the example of Mozart and Haydn, that they benefited from the same culture, drew on the same sources, and borrowed each other's discoveries. Each of them, however, works a miracle all his own.

One may say that the masters, who in all their greatness surpass the generality of their contemporaries, send out the rays of their genius well beyond their own day. In this way they appear as powerful signal-fires — as beacons, to use Baudelaire's expression — by whose light and warmth is developed a sum of tendencies that will

de leurs successeurs et qui contribueront à former ce faisceau de traditions qui compose une culture.

Ces grands foyers, qui illuminent de loin en loin le champ historique de l'art, favorisent cette continuité qui donne son véritable sens, et seul légitime, à un mot dont on a beaucoup abusé — à cette évolution qu'on a révérée comme une déesse. Déesse qui a bien mal tourné, soit dit en passant, au point de mettre au monde un petit mythe bâtard qui lui ressemble et qu'on appelle le Progrès, avec un P majuscule. . . .

Pour les dévots de la religion du Progrès, aujourd'hui vaut toujours et nécessairement plus qu'hier, ce qui entraîne comme conséquence dans l'ordre musical que l'opulent orchestre contemporain marque un progrès sur les modestes ensembles instrumentaux d'autrefois — l'orchestre de Wagner sur celui de Beethoven. Je vous laisse à juger ce que vaut une telle préférence. . . .

L'heureuse continuité qui autorise le développement de la culture apparaît comme une règle générale qui souffre quelques exceptions qu'on dirait faites tout exprès pour la confirmer.

On voit en effet se profiler, de loin en loin, à l'horizon de l'art, un de ces blocs erratiques dont l'origine est inconnue et l'existence incompréhensible. Ces monolithes semblent envoyés du Ciel pour affirmer l'existence, et dans une certaine mesure la légitimité, de l'accidentel. Ces éléments de discontinuité, ces caprices de la nature portent différents noms dans notre art. Le plus curieux se nomme Hector Berlioz. Son prestige est grand. Il est dû surtout au brio d'un orchestre qui atteste la plus inquiétante originalité, originalité toute gratuite, sans fondement et qui ne parvient pas à masquer la pauvreté de l'invention. Et si l'on avance que Berlioz est un des promoteurs du poème symphonique, je répondrai que ce genre de composition, dont la carrière fut d'ailleurs assez brève, ne saurait être pris en considération au même titre que les grandes formes symphoniques, puisqu'il se veut entièrement dépendant d'élé-

be shared by most of their successors and that contributes to form the parcel of traditions which make up a culture.

These great beacon-fires which shine out at widely separated distances upon the historical field of art promote the continuity that gives the true and only legitimate meaning to a much abused word, to that evolution which has been revered as a goddess — a goddess who turned out to be somewhat of a tramp, let it be said in passing, even to having given birth to a little bastard myth that looks very much like her and that has been named Progress, with a capital P . . .

For the devotees of the religion of Progress, today is always and necessarily more worth while than yesterday, from which the consequence necessarily follows that in the field of music the opulent contemporary orchestra represents an advance over the modest instrumental ensembles of former times — that the Wagnerian orchestra represents an advance over that of Beethoven. I leave it to you to judge what such a preference is worth . . .

The beautiful continuity that makes possible the development of culture appears as a general rule that suffers a few exceptions which, one might say, were expressly created to confirm it.

In fact, at widely separated intervals one sees an erratic block silhouetted on the horizon of art, a block whose origin is unknown and whose existence is incomprehensible. These monoliths seem heaven-sent to affirm the existence, and in a certain measure the legitimacy, of the accidental. These elements of discontinuity, these sports of nature bear various names in our art. The most curious is named Hector Berlioz. His prestige is great. It can be attributed above all to the *brio* of an orchestra that evidences the most disquieting originality, an originality entirely gratuitous, without foundation, one that is insufficient to disguise the poverty of invention. And if it is maintained that Berlioz is one of the originators of the tone poem, I shall answer that that type of composition — which was, by the way, very short-lived — cannot be considered on the same footing as the great symphonic forms, since it seeks to be

ments étrangers à la musique. A cet égard, l'influence de Berlioz est plus esthétique que musicale, quand elle s'exerce sur Liszt, Balakirew et le Rimsky-Korsakoff des œuvres de jeunesse, elle ne touche pas à l'essentiel.

Les grands foyers dont nous parlons ne s'allument jamais sans causer de profondes perturbations dans le monde de la musique. Après quoi les choses se stabilisent. L'influence se fait de plus en plus lointaine, et le moment vient où elle ne réchauffe plus que les pédagogues. C'est alors que naît l'académisme. Mais un nouveau foyer apparaît et l'histoire continue. Ce qui ne veut pas dire qu'elle continue sans heurt ni sans accident. L'époque contemporaine nous offre précisément l'exemple d'une culture musicale où se perdent de jour en jour le sens de la continuité et le goût de la communion.

Le caprice individuel, l'anarchie intellectuelle qui tendent à régir le monde où nous vivons isolent l'artiste de ses semblables et le condamnent à paraître aux yeux du public en qualité de monstre: un monstre d'originalité, inventeur de sa langue, de son vocabulaire et de l'appareil de son art. L'usage des matériaux éprouvés et des formes établies lui est communément interdit. Il en vient à parler un idiome sans relation avec le monde qui l'écoute. Son art devient vraiment unique, en ce sens qu'il est incommunicable et clos de toutes parts. Le bloc erratique n'est plus une curiosité d'exception; c'est le seul modèle qui soit offert à l'émulation des néophytes.

A cette rupture complète de la tradition, répond l'apparition sur le champ historique d'une série de tendances anarchiques incompatibles et contradictoires. Le temps n'est plus où Bach, Haendel et Vivaldi parlaient sensiblement la même langue que leurs disciples répétaient après eux, en la transformant à leur insu, chacun selon sa personnalité. Le temps n'est plus où Haydn, Mozart et Cimarosa se faisaient écho en des œuvres qui servaient de modèles à leurs successeurs, comme ce Rossini, lequel aimait à répéter de façon si touchante que Mozart avait

entirely dependent on elements foreign to music. In this respect Berlioz's influence is greater in the field of aesthetics than in music; when this influence makes itself felt in Liszt, Balakirev, and the Rimski-Korsakov of the youthful works, it leaves the core of their music untouched.

The great beacon-fires we spoke about never flare up without causing profound disturbances in the world of music. Afterwards things become stabilized again. The fire's radiation becomes more and more attenuated until the moment comes when it warms none but the pedagogues. At that point academicism is born. But a new beacon-fire appears, and the story goes on — which does not mean that it goes on without shock or accident. It just so happens that our contemporary epoch offers us the example of a musical culture that is day by day losing the sense of continuity and the taste for a common language.

Individual caprice and intellectual anarchy, which tend to control the world in which we live, isolate the artist from his fellow-artists and condemn him to appear as a monster in the eyes of the public; a monster of originality, inventor of his own language, of his own vocabulary, and of the apparatus of his art. The use of already employed materials and of established forms is usually forbidden him. So he comes to the point of speaking an idiom without relation to the world that listens to him. His art becomes truly unique, in the sense that it is incommunicable and shut off on every side. The erratic block is no longer a curiosity that is an exception; it is the sole model offered neophytes for emulation.

The appearance of a series of anarchic, incompatible, and con-tradictory tendencies in the field of history corresponds to this com-plete break in tradition. Times have changed since the day when Bach, Handel, and Vivaldi quite evidently spoke the same language which their disciples repeated after them, each one unwittingly transforming this language according to his own personality. The day when Haydn, Mozart, and Cimarosa echoed each other in works that served their successors as models, successors such as Rossini, who was fond of repeating in so touching a way that Mozart had

fait la joie de sa jeunesse, le désespoir de son âge mûr et la consolation de ses vieux jours.

Ces temps ont fait place à un nouvel âge qui veut tout uniformiser dans l'ordre de la matière, cependant qu'il tend à briser tout universalisme dans l'ordre de l'esprit au bénéfice d'un individualisme anarchique. C'est ainsi que d'universels, les foyers de culture se sont faits particuliers. Ils se concentrent dans le cadre national, voire régional en attendant de se disséminer jusqu'à disparaître.

Volontairement ou non, l'artiste contemporain est pris dans cette infernale machination. Il se trouve des ingénus pour se réjouir de cet état de fait. Il y a des criminels qui l'approuvent. Quelques uns seulement s'effrayent d'une solitude qui les oblige à se replier sur eux-mêmes, alors que tout les invite à se répandre au dehors.

L'universalisme dont nous sommes en train de perdre les bienfaits est tout autre chose que le cosmopolitisme qui commence à nous gagner. L'universalisme suppose la fécondité d'une culture partout répandue et communiquée, alors que le cosmopolitisme ne prévoit ni action ni doctrine et entraîne la passivité indifférente d'un éclectisme stérile.

L'universalisme stipule nécessairement la soumission à un ordre établi. Et ses raisons sont convaincantes. On se soumet à cet ordre par amour ou par prudence. Dans l'un et l'autre cas, les bienfaits de la soumission ne se font pas attendre.

Dans une société comme celle du Moyen-Age, qui reconnaissait et sauvegardait la primauté du spirituel et la dignité de la personne humaine (qu'il ne faut pas confondre avec l'individu), dans une telle société, la reconnaissance par tous d'une hiérarchie des valeurs et d'un ensemble de principes moraux, établit un ordre de choses qui met chacun d'accord sur les notions fondamentales de bien et de mal, de vrai et de faux. Je ne dis pas de beau et de laid, parce qu'il est absolument vain de dogmatiser dans un domaine aussi subjectif.

been the delight of his youth, the desperation of his maturity, and the consolation of his old age.

Those times have given way to a new age that seeks to reduce everything to uniformity in the realm of matter while it tends to shatter all universality in the realm of the spirit in deference to an anarchic individualism. That is how once universal centers of culture have become isolated. They withdraw into a national, even regional, framework which in its turn splits up to the point of eventual disappearance.

Whether he wills it or not, the contemporary artist is caught in this infernal machination. There are simple souls who rejoice in this state of affairs. There are criminals who approve of it. Only a few are horrified at a solitude that obliges them to turn in upon themselves when everything invites them to participate in social life.

The universality whose benefits we are gradually losing is an entirely different thing from the cosmopolitanism that is beginning to take hold of us. Universality presupposes the fecundity of a culture that is spread and communicated everywhere, whereas cosmopolitanism provides for neither action nor doctrine and induces the indifferent passivity of a sterile eclecticism.

Universality necessarily stipulates submission to an established order. And its reasons for this stipulation are convincing. We submit to this order out of sympathy or prudence. In either case the benefits of submission are not long in appearing.

In a society like that of the Middle Ages, which recognized and safeguarded the primacy of the spiritual realm and the dignity of the human person (which must not be confused with the individual) — in such a society recognition by everyone of a hierarchy of values and a body of moral principles established an order of things that put everyone in accord concerning certain fundamental concepts of good and evil, truth and error. I do not say of beauty and ugliness, because it is absolutely futile to dogmatize in so subjective a domain.

Ne nous étonnons donc pas que la conduite du social n'ait jamais régi directement ces matières. Ce n'est pas, en effet, en promulgant une esthétique, c'est en élevant la condition humaine et en exaltant dans l'artiste le bon ouvrier qu'une civilisation communique quelque chose de son ordre aux œuvres de l'art et de la pensée. Le bon artisan, dans ces époques bénies, ne songe lui-même qu'à atteindre le *beau* à travers les catégories de l'*utile*. Son souci dominant s'attache à la rectitude d'une opération *bien* conduite selon un ordre *vrai*. L'impression esthétique qui s'en dégagera ne sera loyalement obtenue que si elle n'a pas été escomptée. Poussin a très bien dit que "la fin de l'art est la délectation." Il n'a pas dit que cette délectation dût être la fin de l'artiste, qui doit rester soumis aux seules nécessités de l'œuvre à faire.

C'est un fait d'expérience, et qui n'est qu'apparemment paradoxal, que nous trouvons la liberté dans une étroite soumission à l'objet: "Ce n'est pas la sagesse, c'est la sottise qui s'obstine," dit Sophocle, dans la magnifique version d'*Antigone* donnée par André Bonnard. "Regarde les arbres. C'est en épousant les mouvements de la tempête qu'ils conservent leurs plus tendres rameaux; mais s'ils se cabrent contre le vent, les voilà emportés avec leurs racines."

Prenons le meilleur exemple: la fugue, forme parfaite où la musique ne signifie rien au-delà d'elle-même. N'implique-t-elle pas la soumission de l'auteur à la règle? et n'est-ce pas dans cette contrainte qu'il trouve l'épanouissement de sa liberté de créateur? La force, dit Léonard de Vinci, naît par la contrainte et meurt par liberté.

L'insoumission se targue du contraire et supprime la contrainte avec l'espoir toujours déçu de trouver dans la liberté le principe de la force. Elle n'y trouve que l'arbitraire des caprices et les désordres de la fantaisie. Elle perd ainsi toute espèce de contrôle, se désoriente et finit par demander à la musique des choses qui sont hors de sa portée et de sa compétence. N'est-

It should not surprise us then that social order has never directly governed these matters. As a matter of fact, it is not by promulgating an aesthetic but by improving the status of man and by exalting the competent workman in the artist that a civilization communicates something of its order to works of art and speculation. The good artisan himself in those happy ages dreams of achieving the *beautiful* only through the categories of the *useful*. His prime concern is applied to the rightness of an operation that is performed *well*, in keeping with a *true* order. The aesthetic impression that will arise from this rightness will not be legitimately achieved except insofar as it was not calculated. Poussin said quite correctly that "the goal of art is delectation." He did not say that this delectation should be the goal of the artist who must always submit solely to the demands of the work to be done.

It is a fact of experience, and one that is only seemingly paradoxical, that we find freedom in a strict submission to the object: "It is not wisdom, but foolishness, that is stubborn," says Sophocles, in the magnificent translation of *Antigone* given us by André Bonnard. "Look at the trees. By embracing the movements of the tempest they preserve their tender branches; but if they rear against the wind they are carried off, roots and all."

Let us take the best example: the fugue, a pure form in which the music means nothing outside itself. Doesn't the fugue imply the composer's submission to the rules? And is it not within those strictures that he finds the full flowering of his freedom as a creator? Strength, says Leonardo da Vinci, is born of constraint and dies in freedom.

Insubordination boasts of just the opposite and does away with constraint in the ever-disappointed hope of finding in freedom the principle of strength. Instead, it finds in freedom only the arbitrariness of whim and the disorders of fancy. Thus it loses every vestige of control, loses its bearings and ends by demanding of music things which are outside its scope and competence. Do we not, in truth,

ce-pas, en effet, lui demander l'impossible que d'attendre qu'elle exprime des sentiments, qu'elle traduise des situations dramatiques, qu'elle imite enfin la nature? Et, comme si ce n'était pas assez de la condamner au métier d'illustrateur, le siècle auquel nous devons ce qu'il a appelé le progrès des lumières, a inventé par surcroît cette absurdité monumentale qui consiste à distribuer à chaque accessoire comme à chaque sentiment et à chaque personnage du drame lyrique une sorte de numéro de vestiaire qu'on dénomme *leit-motiv*, ce qui faisait dire à Debussy que la *Tétralogie* lui apparaissait comme un vaste Bottin musical (directory).

Il y a deux espèces de *leit-motive* chez Wagner: les uns symbolisent des idées abstraites (thème du Destin, de la Vengeance, etc.); les autres ont la prétention de représenter des objets ou des personnages concrets: le glaive par exemple ou l'intéressante famille des Nibelungen.

Il est curieux que les sceptiques qui exigent volontiers des preuves nouvelles de toute chose et qui se font d'ordinaire un malin plaisir à dénoncer ce qu'il y a de conventionnel dans les formes établies, ne demandent jamais qu'on leur prouve la nécessité ou la simple convenance de tel dessin musical qui prétend s'identifier à une idée, à un objet ou à un personnage. Si l'on répond que la puissance du génie est assez grande ici pour justifier l'adhésion, je demanderai alors à quoi servent ces petits guides si répandus qui réalisent matériellement le Bottin musical (directory) qu'évoquait Debussy et font ressembler le néophyte qui assiste à une représentation du *Crépuscule des Dieux*, à l'un de ces touristes qu'on voit sur l'Empire Building essayant de s'orienter en déployant une carte de New York. Et qu'on ne dise pas que ces mementos font injure et trahissent sa pensée: leur diffusion même indique assez qu'ils répondent à une nécessité.

Au fond, ce qui est irritant chez ces rebelles de l'art, dont Wagner nous offre le type achevé, c'est l'esprit de système qui,

ask the impossible of music when we expect it to express feelings, to translate dramatic situations, even to imitate nature? And, as if it were not enough to condemn music to the job of being an illustrator, the century to which we owe what it called "progress through enlightenment" invented for good measure the monumental absurdity which consists of bestowing on every accessory, as well as on every feeling and every character of the lyrical drama, a sort of check-room number called a *Leitmotiv* — a system that led Debussy to say that the *Ring* struck him as a sort of vast musical city directory.

There are two kinds of *Leitmotiv* in Wagner: some symbolize abstract ideas (the Fate theme, Vengeance theme, and so on); the others make the pretense of representing objects or concrete personages: the sword, for example, or the curious Nibelung family.

It is strange that skeptics who readily demand new proofs for everything and who usually take a sly delight in exposing whatever is purely conventional in established forms, never ask that any proof be given of the necessity or even of the simple expediency of any musical phrase that claims to identify itself with an idea, an object, or a character. If I am told that the power of genius is here great enough to justify this identification, then I shall ask what is the use of those widely circulated little guides that are the material embodiment of the musical city directory Debussy had in mind, little guides that make the neophyte attending a presentation of *Die Götterdämmerung* resemble one of those tourists you see on top of the Empire State Building trying to orient himself by spreading out a map of New York. And never let it be said that these little memory-books are an insult to Wagner and betray his thought: their wide circulation alone sufficiently proves that they answer a real need.

Basically, what is most irritating about these artistic rebels, of whom Wagner offers us the most complete type, is the spirit of

sous couleur de bannir les conventions, en établit d'autres, tout aussi arbitraires et beaucoup plus gênantes. En sorte que c'est moins l'arbitraire, somme toute inoffensif, qui nous insupporte, que le système qu'il érige en principe. Il m'en vient un exemple à l'esprit. Nous avons dit que la musique n'a pas et ne peut avoir l'imitation pour objet. Mais s'il advient, pour quelque raison purement accidentelle, qu'elle fasse exception à la règle, cette exception peut devenir à son tour l'origine d'une convention. Elle offre ainsi au musicien l'occasion de l'utiliser comme un lieu commun. Verdi, dans le fameux orage de *Rigoletto*, n'a pas hésité à se servir d'une formule sur laquelle bien des compositeurs s'étaient exercés avant lui. Il y applique son invention et, sans sortir de la tradition, tire d'un lieu commun une page parfaitement originale et qui trahit son auteur. Convenez que nous voici très loin de ce système wagnérien, exalté par ses thuriféraires au détriment de cet italianisme que vouent au mépris tant de penseurs subtils, égarés dans le symphonisme considéré comme un inépuisable prétexte à gloses littéraires.

Le danger n'est donc pas d'emprunter des clichés. Le danger est de les fabriquer et de leur imposer force de loi, tyrannie qui n'est qu'une manifestation d'un romantisme en décrépitude.

Romantisme, classicisme sont des termes qu'on a chargés de sens si divers que vous n'attendez pas de moi que je prenne parti dans une vaste querelle qui tourne, en définitive, à la querelle de mots. Il n'en reste pas moins que, dans un sens très général, les principes de soumission et d'insoumission que nous avons définis, caractérisent en gros l'attitude du classique et du romantique en face de l'œuvre. Division toute théorique, d'ailleurs, car nous trouverons toujours à l'origine de l'invention un élément irrationnel, sur lequel l'esprit de soumission n'a pas de prise et qui échappe à sa contrainte. C'est ce qu'André Gide a si bien exprimé quand il nous dit que l'œuvre classique n'est belle qu'en raison de son romantisme dompté. Ce qui ressort de cet aphorisme, c'est la nécessité du domptage. Voyez, par

systematization which, under the guise of doing away with conventions, establishes a new set, quite as arbitrary and much more cumbersome than the old. So that it is less the arbitrariness — which, all things considered, is fairly harmless — that tries our patience, than the system which this arbitrariness sets up as a principle. An example of this comes to mind. We have said that the object of music is not and cannot be imitation. But should it happen, for some purely accidental reason, that music makes an exception to this rule, this exception may in its turn become the origin of a convention. It thus offers the musician the possibility of using it as a commonplace. Verdi, in the famous thunderstorm in *Rigoletto*, did not hesitate to make use of a formula which many a composer had employed before him. Verdi applies his own inventiveness to it and, without going outside of the tradition, makes out of a commonplace a perfectly original page that bears his unmistakable mark. You must agree that we are here very far from the Wagnerian system, exalted by its censer-bearers to the detriment of the Italianism which is treated with contempt by so many subtle thinkers who have gone astray in the symphonicism which is to them an endless pretext for literary glosses.

So the danger lies not in the borrowing of clichés. The danger lies in fabricating them and in bestowing on them the force of law, a tyranny that is merely a manifestation of romanticism grown decrepit.

Romanticism and classicism are terms that have been laden with such diverse meanings that you must not expect me to take sides in an endless argument which is most certainly becoming more and more an argument over words. This does not alter the fact that in a very general sense the principles of submission and insubordination which we have defined characterize by and large the attitude of the classicist and the romanticist before a work of art; a purely theoretic division, moreover, for we shall always find at the origin of invention an irrational element on which the spirit of submission has no hold and that escapes all constraint. That is what André Gide has so well expressed in saying that classical works are beautiful only by virtue of their subjugated romanticism. What is salient in this aphorism is the necessity for subjugation. Look at the work of

exemple, l'œuvre de Tschaïkowsky. De quoi est-elle faite? Et où puise-t-elle ses sources, sinon dans l'arsenal en usage chez les romantiques? Ses thèmes sont romantiques pour la plupart — et ses élans. Ce qui n'est du tout romantique, c'est son attitude devant leur mise en œuvre. Quoi de plus satisfaisant pour notre goût que la coupe de ses phrases et leur belle mise en ordre? Ne croyez pas, surtout, que je cherche un prétexte pour faire l'éloge d'un des rares compositeurs russes que j'aime vraiment. Je ne le prends pour exemple que parce que cet exemple est frappant, comme est frappante, du même point de vue, la musique d'un autre romantique, beaucoup plus éloigné de nous; j'ai nommé Charles-Marie Weber. Je pense à ses sonates, d'une tenue instrumentale si sévère que les quelques *rubati* qu'elles se permettent à l'occasion, ne parviennent pas à dissimuler le contrôle perspicace et constant du dompteur. Quelle différence entre *Freischütz, Euryanthe, Obéron* d'une part et de l'autre *le Vaisseau Fantôme, Tannhäuser* et *Lohengrin* avec leur laisser-aller. Le contraste est frappant. Ce n'est pas par hasard, hélas! que ces derniers ouvrages sont beaucoup plus souvent à l'affiche de nos théâtres que les merveilleux opéras de Weber.

En résumé, ce qui compte pour la claire ordonnance de l'œuvre — pour sa cristallisation, c'est que tous les éléments dyonisiaques qui ébranlent l'imagination du créateur et font monter la sève nourricière soient domptés à propos, avant de nous donner la fièvre et finalement soumis à la loi: c'est Apollon qui l'ordonne.

Il n'entre ni dans mes goûts ni dans mes intentions de prolonger plus longtemps le débat infini du classicisme et du romantisme. J'ai dit suffisamment ce que j'avais à dire pour définir mon attitude à ce sujet; mais je ne serais pas complet si je ne retenais pas un instant votre attention sur une question connexe, celle de ces deux autres antagonistes: le modernisme et l'académisme.

Tchaikovsky for example. Of what is it made up? And where did he find his sources if not in the arsenal that was currently made use of by the romantics? His themes are for the most part romantic — so is his driving impulse. What is not at all romantic is his attitude before the problem of incorporating them into the musical work. What could be more satisfying to our taste than the cut of his phrases and their beautiful arrangement? Please do not think that I am seeking a pretext to eulogize one of the few Russian composers of whom I am really fond. I take him as an example only because the example is so striking, just as the music of another romantic is striking, a romantic much further removed from us. I am speaking of Karl Maria von Weber. I am thinking of his sonatas which are of an instrumental bearing so formal that the few *rubati* which they permit themselves on occasion do not manage to conceal the constant and alert control of the subjugator. What a difference between *Der Freischütz, Euryanthe,* and *Oberon* on one hand and *Der fliegende Holländer, Tannhäuser,* and *Lohengrin* with their laxness on the other. The contrast is striking. It is not just by chance, alas! that the latter works are much more often on the billboards of our theaters than the marvelous operas of Weber.

Summing up: What is important for the lucid ordering of the work — for its crystallization — is that all the Dionysian elements which set the imagination of the artist in motion and make the life-sap rise must be properly subjugated before they intoxicate us, and must finally be made to submit to the law: Apollo demands it.

It is far from my tastes, as well as from my intentions, to prolong further the endless debate over classicism and romanticism. I have said at sufficient length what I had to say to make my attitude clear on this subject; but I should leave my task unfinished if I did not call your attention for an instant to a closely related question, the question of those other two antagonists: modernism and academicism.

Tout d'abord, quel néologisme manqué que ce mot de modernisme! Que veut-il dire au juste? Dans son sens le mieux défini, il désigne une forme du libéralisme théologique qui est une erreur condamnée par l'Eglise de Rome. Appliqué aux arts, le modernisme serait-il passible d'une condamnation analogue? Je crains bien que oui. . . . Ce qui est moderne, c'est ce qui est de son temps et doit être à la mesure et à la portée de son temps. On reproche parfois aux artistes d'être trop modernes ou de ne l'être pas assez. On pourrait aussi bien reprocher au temps de n'être pas moderne ou de l'être trop. Une récente consultation populaire a montré que Beethoven est, à ce qu'il paraît, le compositeur le plus demandé aux Etats-Unis. A ce titre on peut dire que Beethoven est très moderne et qu'un compositeur d'une importance aussi manifeste que Paul Hindemith ne l'est pas du tout, puisque le palmarès ne fait même pas mention de son nom.

De soi, le terme modernisme n'implique ni louange ni blâme et n'entraîne aucune obligation. C'est précisément sa faiblesse. Le mot se dérobe sous les applications qu'on en veut faire. On dit bien qu'il faut vivre avec son temps. Le conseil est superflu: le moyen de faire autrement? Si même je voulais refaire autrefois, les efforts les plus énergiques de ma volonté criminelle demeureraient vains.

Il reste qu'on a profité de la docilité de ce néant pour essayer de lui donner forme et couleur. Mais, encore une fois, qu'entend-on par modernisme? Autrefois le mot était inusité, voire inconnu. Nos prédécesseurs n'étaient pourtant pas plus bêtes que nous. Serait-ce une découverte? Nous avons montré qu'il n'en est rien. Ne serait-ce pas plutôt le signe d'une décadence des mœurs et du goût? Ici, je crois bien qu'il faut répondre par l'affirmative.

Mon rêve serait, pour finir, que vous fussiez aussi embarrassés par cette expression que je le suis moi-même. Il serait tellement plus simple de renoncer à mentir et d'avouer une bonne fois

First of all, what an abortive neologism the word modernism is! Just what does it mean? In its most clearly defined meaning it designates a form of theological liberalism which is a fallacy condemned by the Church of Rome. Applied to the arts, would modernism be open to an analogous condemnation? I strongly think so . . . What is modern is what is representative of its own time and what must be in keeping with and within the grasp of its own time. Sometimes artists are reproached for being too modern or not modern enough. One might just as well reproach the times with not being sufficiently modern or with being too modern. A recent popular poll showed that, to all appearances, Beethoven is the composer most in demand in the United States. On that basis one can say that Beethoven is very modern and that a composer of such manifest importance as Paul Hindemith is not modern at all, since the list of winners does not even mention his name.

In itself, the term modernism implies neither praise nor blame and involves no obligation whatsoever. That is precisely its weakness. The word eludes us, hiding under any application of it one wishes to make. True, it is said that one must live in one's own time. The advice is superfluous: how could one do otherwise? Even if I wanted to relive the past, the most energetic strivings of my misguided will would be futile.

It follows that everyone has taken advantage of the pliability of this vacuous term by trying to give it form and color. But, again, what do we understand by the term modernism? In the past the term was never used, was even unknown. Yet our predecessors were no more stupid than we are. Was the term a real discovery? We have shown that it was nothing of the sort. Might it not rather be a sign of a decadence in morality and taste? Here I strongly believe we must answer in the affirmative.

My fondest hope, to finish up, is that you may be as embarrassed by the expression as I myself am. It would be so much simpler to give up lying and admit once and for all that we call anything

que nous nommons moderne ce qui flatte notre snobisme au sens propre du mot. Mais est-ce vraiment la peine de flatter le snobisme?

Le terme est d'autant plus fâcheux qu'on le met couramment en parallèle avec un autre, dont le sens est des plus clairs: je veux parler de l'académisme.

On dit d'une œuvre qu'elle est académique quand elle est strictement composée d'après les préceptes de l'Ecole. Il en résulte que l'académisme, considéré comme un exercice scolaire fondé sur l'imitation, est de soi chose utile et même indispensable aux débutants qui s'exercent en étudiant les modèles. Il en résulte également que l'académisme ne devrait pas trouver de place en dehors de l'Ecole et n'aboutit, chez ceux qui s'en font un idéal passé le temps des études, qu'à une correction guindée dont les produits sont exsangues et secs.

Les musicographes contemporains ont pris l'habitude de mesurer toutes les œuvres nouvelles à l'étalon du modernisme, c'est-à-dire à l'échelle du néant, quittes à rejeter bien vite dans l'académisme, qu'ils considèrent comme son opposé, tout ce qui ne s'accorde pas avec les extravagances qui constituent à leurs yeux le fin du fin du modernisme. Pour ces critiques, ce qui paraît discordant et confus se range automatiquement dans la case du modernisme. Ce qu'ils sont bien obligés de trouver clair et ordonné, et ne laissant place à aucune équivoque où ils puissent se glisser, se range à son tour dans la case de l'académisme. Or nous pouvons utiliser les formes académiques sans courir le risque de devenir nous-mêmes des académistes. Celui qui répugne à les emprunter quand il en éprouve le besoin trahit clairement sa faiblesse. Combien de fois ai-je pu constater cette étrange incompréhension de la part de ceux qui se croient bon juges de la musique et de ses destinées! On le comprend d'autant moins que ces mêmes musicographes admettent comme naturel et légitime l'emprunt d'anciens chants populaires ou religieux harmonisés selon des procédés incom-

modern that caters to our snobbishness, in the true sense of the word. But is catering to snobbishness really worth the trouble?

The term modernism is all the more offensive in that it is usually coupled with another whose meaning is perfectly clear: I speak of academicism.

A work is called academic when it is composed strictly according to the precepts of the conservatory. It follows that academicism considered as a scholastic exercise based on imitation is in itself something very useful and even indispensable to beginners who train themselves by studying models. It likewise follows that academicism should find no place outside of the conservatory and that those who make an ideal of academicism when they have already completed their studies produce stiffly correct works that are bloodless and dry.

Contemporary writers on music have acquired the habit of measuring everything in terms of modernism, that is to say in terms of a nonexistent scale, and promptly consign to the category of "academic" — which they regard as the opposite of modern — all that is not in keeping with the extravagances which in their eyes constitute the thrice-distilled quintessence of modernism. To these critics, whatever appears discordant and confused is automatically relegated to the pigeonhole of modernism. Whatever they cannot help finding clear and well-ordered, and devoid of ambiguity which might give them an opening, is promptly relegated in its turn to the pigeonhole of academicism. Now we can make use of academic forms without running the risk of becoming academic ourselves. The person who is loath to borrow these forms when he has need of them clearly betrays his weakness. How many times have I noticed this strange incomprehension on the part of those who believe themselves good judges of music and its future! What makes this all the more difficult to understand is the fact that these same critics admit as natural and legitimate the borrowing of old popular or religious

patibles avec leur essence. Ils ne s'étonnent pas de l'usage ridicule du motif conducteur et se laissent entraîner à des incursions dans la musique accompagnées par l'agence Cook de Bayreuth. Ils se croient à la page en applaudissant à l'introduction dans une symphonie d'échelles exotiques, d'instruments anachroniques, de procédés créés pour d'autres usages. Terrifiés à l'idée de se montrer tels qu'ils sont, ils tombent à bras raccourcis sur ce pauvre académisme, car ils ont le même effroi des formes consacrées par l'usage que leurs compositeurs favoris qui redoutent d'y toucher.

Moi-même qui ai si souvent emprunté des attitudes académiques sans songer à dissimuler le plaisir que j'y prenais, je n'ai pas manqué de devenir la victime désignée par la férule de ces messieurs.

Mes plus grands ennemis m'ont toujours fait l'honneur de reconnaître que je suis exactement conscient de ce que je fais. Le tempérament académique ne s'acquiert pas. On n'acquiert pas un tempérament. Or, je n'ai pas le tempérament propre à l'académisme, c'est donc toujours sciemment et volontairement que je me sers de ses formules. J'en use aussi consciemment que je ferais du folklore. Ce sont des matières premières de mon ouvrage. Et je trouve assez comique que mes censeurs adoptent une attitude qu'ils ne pourront tenir. Car il faudra bien qu'ils m'accordent un jour bon gré mal gré, ce qu'ils me refusent de parti pris.

Je ne suis pas plus académique que moderne, pas plus moderne que conservateur. *Pulcinella* suffirait à le prouver. Vous me demanderez alors ce que je suis? Je me refuse à m'étendre sur ma propre personne qui reste en dehors de l'objet de mes cours. Et si je me suis laissé aller à vous parler un peu de moi, ce fut seulement pour illustrer ma pensée par un exemple à la fois personnel et concret. J'en pourrais prendre d'autres pour compenser mon silence et mon refus de me mettre moi-même en scène. Ils vous montreront encore mieux com-

melodies harmonized in ways incompatible with their essence. They are not at all shocked by the ridiculous device of the *Leitmotiv* and let themselves be inveigled into musical tours conducted by the Cook Agency of Bayreuth. They believe themselves up to the minute when they applaud the very introductory measures of a symphony employing exotic scales, obsolete instruments, and methods which were created for entirely different purposes. Terrified at the thought of showing themselves for what they are, they go after poor academicism tooth and nail, for they feel the same horror of forms consecrated by long use that their favorite composers feel, who are afraid to touch them.

Since I myself have so often borrowed academic attitudes with no thought of concealing the pleasure I found in them, I have not been spared becoming the chosen victim of these gentlemen's corrective rod.

My greatest enemies have always paid me the honor of recognizing that I am fully aware of what I am doing. The academic temperament cannot be acquired. One does not acquire a temperament. Now, I do not have a temperament suited to academicism; so I always use academic formulas knowingly and voluntarily. I use them quite as knowingly as I would use folklore. They are raw materials of my work. And I find it quite comical that my critics take an attitude that they cannot possibly maintain. For some day, willy-nilly, they will have to grant me what, out of preconceived notions, they have denied me.

I am no more academic than I am modern, no more modern than I am conservative. *Pulcinella* would suffice to prove this. So you ask just what I am? I refuse to expatiate upon the subject of my own person, which remains outside the objective of my course. And if I have allowed myself to talk to you a little about my own work, that was merely to illustrate my thought with an example at once personal and concrete. I can take other examples that will make up for my silence and my refusal to put myself on display. They will

ment la critique au cours des âges, a rempli son rôle d'informatrice.

En 1737, le musicographe allemand Scheibe écrit de Bach: "Ce grand homme ferait l'admiration de toutes les nations s'il avait plus d'agrément et s'il ne gâtait pas ses compositions par trop d'enflure et de confusion; et si, par excès d'art, il n'en obscurcissait les beautés."

Voulez-vous savoir maintenant, comment Schiller — l'illustre Schiller — rend compte d'une soirée où il entendit la *Création* d'Haydn? "C'est un mic-mac sans caractère. Haydn est un artiste adroit à qui manque l'inspiration (*sic*). Le tout est froid."

Ludwig Spohr, compositeur renommé, entend le IX⁰ Symphonie trente ans après la mort de Beethoven et y découvre un nouvel argument en faveur de ce qu'il a toujours dit, à savoir qu'il manque à Beethoven une éducation esthétique et "le sens du beau." Voilà qui n'est pas mal; mais il y a mieux. Nous avons gardé pour la bonne bouche, l'opinion du poète Grillparzer sur *l'Euryanthe* de Weber: "Un manque total d'ordonnance et de coloris. Cette musique est horrible. Cette subversion de la bonne sonorité, cette violation du beau eussent été punies par les lois aux beaux temps de la Grèce. Pareille musique est justiciable de la Police. . . ."

De tels exemples me préservent du ridicule de me défendre contre l'incompétence de mes critiques et de me plaindre du peu d'intérêt qu'ils portent à mes efforts.

Ce n'est pas à dire que je conteste les droits de la critique. Je regrette au contraire qu'elle les exerce si peu, et si souvent mal à propos.

"La critique," dit le dictionnaire, "est l'art de juger les productions littéraires et les ouvrages d'art." Nous nous rangeons très volontiers à cette définition. Puisque la critique est un art, elle n'échappe pas elle-même à nos critiques. Que lui demandons-nous? Quelles limites assignerons-nous à son empire?

show you still more clearly how criticism through the ages has fulfilled its role as informant.

In 1737 the German writer on music, Scheibe, wrote of Bach: "This great man would be the object of world-wide admiration if he were more ingratiating and did not spoil his compositions with too much bombast and confusion; and if, by a surfeit of art, he did not obscure their beauty."

Would you like to know what Schiller — the illustrious Schiller — wrote of Haydn's *Creation* in an account of a *soirée* where he heard it? "It is a hodgepodge without character. Haydn is a clever artist but lacks inspiration (*sic*). The whole thing is frigid."

Ludwig Spohr, a renowned composer, hears the Ninth Symphony thirty years after Beethoven's death and discovers in it a new argument in favor of what he had always said, namely, that Beethoven lacked an education in aesthetics and also "a sense of beauty." That really isn't bad, but here is something even better. For the choice morsel we have saved up the poet Grillparzer's opinion of Weber's *Euryanthe*: "A complete lack of order and color. This music is hideous. Such a perversion of euphony, such a rape of the beautiful would have been punished by law in the great age of Greece. Such music should come under police jurisdiction . . ."

Such quotations keep me from committing the folly of defending myself against the incompetence of my critics and of complaining about the slight interest they take in my efforts.

I do not mean to question the critics' rights. On the contrary, I regret that they exercise them so little and often so inappropriately.

"Criticism," says the dictionary, "is the art of judging literary productions and works of art." We gladly adopt this definition. Therefore, since criticism is an art, it cannot itself escape our criticisms. What do we ask of it? What limits shall we assign to its

Au vrai, nous la voulons libre dans son exercice propre, qui consiste à juger l'œuvre faite et non pas à épiloguer sur la légitimité de ses origines ou de ses intentions.

Un auteur est fondé à attendre de la critique qu'elle admette au moins l'occasion qu'il lui donne de le juger sur pièces. A quoi bon contester sans fin sur le principe même de l'opération? A quoi sert de fatiguer l'auteur de questions superflues, en lui demandant pourquoi il a fait choix de tel sujet, de tel argument, de telle voie, de telle forme instrumentale? A quoi bon, en un mot, le harceler de *pourquoi* au lieu de chercher soi-même le *comment* et d'établir ainsi les raisons de l'échec ou de la réussite?

Il est évidemment plus facile de poser des questions que de produire des réponses. Il est plus facile d'interroger que d'expliquer.

Ma conviction est que le public se montre toujours plus loyal en sa spontanéité, que ceux qui font profession de s'ériger en juges des œuvres d'art. Vous pouvez en croire un homme qui, au cours de sa carrière, a eu l'occasion de prendre contact avec les publics les plus différents et j'ai pu constater par moi-même, en ma double qualité d'auteur et d'exécutant, que moins le public était prévenu en faveur ou en défaveur d'une œuvre musicale, plus ses réactions devant elle étaient saines et vraiment favorables au développement de l'art musical.

Après l'échec de sa dernière pièce de théâtre, un homme d'esprit déclarait que le public avait décidément de moins en moins de talent. . . . Je pense, au contraire, que ce sont les auteurs qui manquent parfois de talent et que le public a toujours, sinon du talent (lequel ne saurait être l'apanage d'une collectivité) du moins, quand il est livré à lui-même, une fraîcheur de spontanéité qui donne bien du prix à ses réactions. Encore faut-il qu'il ne soit pas contaminé par le virus du snobisme.

J'entends souvent dire aux artistes: "Pourquoi vous plaignez-

domain? In truth, we want it to be entirely free in its proper functioning which consists of judging existing works and not of maundering over the legitimacy of their origins or intentions.

A composer has the right to expect that criticism shall at least acknowledge the opportunity which he provides for judging his work at its face value. What is the point in endlessly questioning the very principle of operation? What is the use of wearing out the composer with superfluous questions, by asking him why he has chosen a certain subject, a certain argument, a certain voice, a certain instrumental form? What is the use, in a word, of tormenting him with the *why* instead of seeking for itself the *how*, and thus establishing the reasons for his failure or success?

It is obviously much easier to ask questions than to give answers. It is easier to question than to explain.

It is my conviction that the public always shows itself more honest in its spontaneity than do those who officially set themselves up as judges of works of art. You may believe a man who in the course of his career has had occasion to become acquainted with the most varied publics; and I have been able to note for myself in my double role as composer and performer that the less the public was predisposed favorably or unfavorably towards a musical work, the more healthy were its reactions to the work and the more propitious to the development of the art of music.

After the failure of his most recent play, a man of wit declared that the public had decidedly less and less talent . . . I think, on the contrary, that it is the composers who sometimes lack talent and that the public always has, if not talent (which could hardly be the adjunct of a collective body), at least, when it is left to itself, a spontaneity that confers great value upon its reactions. Provided again that it has not been contaminated with the virus of snobbery.

I often hear it said to artists: "Why do you complain about snobs?

vous des snobs? Ce sont les serviteurs les plus utiles des tendances nouvelles. S'ils ne les servent pas par conviction, ils le
font au moins en leur qualité de snobs. Ce sont vos meilleurs
clients." Je réponds que ce sont de mauvais clients, de faux
clients, puisqu'ils sont aussi bien au service de l'erreur que de
la vérité. A servir toutes les causes, ils nuisent en définitive aux
meilleures parce qu'ils les confondent avec les pires.

A tout prendre, je préfère les franches invectives d'un brave
auditeur qui n'a rien compris, à tant de faux éloges aussi parfaitement inutiles à ceux qui les décernent qu'à celui qui les
reçoit.

Comme toute espèce de mal, le snobisme tend à engendrer
un autre mal qui est son contraire: le pompiérisme. Tout
compte fait, le snob n'est lui-même qu'une espèce de pompier
— un pompier d'avant-garde.

Les pompiers d'avant-garde parlent musique comme ils
parlent freudisme ou marxisme. Ils évoquent à tout propos
les *complexes* de la psychanalyse et vont jusqu'à se laisser ap-
privoiser aujourd'hui à contre-cœur — mais snobisme oblige —
par le grand saint Thomas d'Aquin. . . . A tout prende, je leur
préfère les pompiers tout court qui parlent mélodie, revendi-
quent, la main sur le cœur, les droits imprescriptibles du sentiment, défendent la primauté de l'émotion, attestent le souci du
noble, se laissent entraîner à l'occasion dans l'aventure du
pittoresque oriental, et vont jusqu'à rendre hommage à mon
Oiseau de feu. Vous pensez bien que ce n'est pas pour cela que
je les préfère aux autres. . . . Je les trouve seulement moins
dangereux. Les pompiers d'avant-garde auraient tort, au demeurant, de mépriser outre mesure leurs collègues surannés.
Les uns et les autres demeureront pompiers toute leur vie, et
les pompiers révolutionnaires se démoderont beaucoup plus vite
que les autres: le temps les menace davantage. . . .

Le vrai mélomane, comme le vrai mécène, échappe à ces
catégories; mais comme toute valeur authentique, l'un et l'autre

116

It is they who are the most useful servants of new trends. If they don't serve them out of conviction, they do it at least in their capacity as snobs. They are your best customers." I answer that they are bad customers, false customers, since they are as readily at the service of error as of truth. By serving all causes they completely vitiate the best ones, because they confuse them with the worst.

All things considered, I prefer the forthright invective of the simple listener who has understood nothing to all the hollow praises that are as completely meaningless to those who proffer them as to those who receive them.

Like every sort of evil, snobbery tends to give rise to another evil which is its opposite: *pompierisme*.* When all is said and done, the snob is himself nothing but a sort of *pompier* — a vanguard *pompier*.

The vanguard *pompiers* make small talk about music just as they do about Freudianism or Marxism. At the slightest provocation they bring up the *complexes* of psychoanalysis and even go so far today as to familiarize themselves, albeit reluctantly — but *snobisme oblige* — with the great Saint Thomas Aquinas . . . All things considered, to that sort of *pompier* I prefer the pure and simple *pompier* who talks about melody and, with hand over heart, champions the incontestable rights of sentiment, defends the primacy of emotion, gives evidence of concern for the noble, on occasion yields to the adventure or oriental picturesqueness, and even goes so far as to praise my *Firebird*. You will readily understand that it is not for this reason that I prefer him to the other sort of *pompier* . . . It is simply that I find him less dangerous. The vanguard *pompiers*, moreover, make the mistake of being contemptuous beyond all measure of their colleagues of yesteryear. Both will remain *pompiers* all their lives, and the revolutionary ones go out of style more quickly than the others: time is a greater threat to them.

The true music lover, like the true patron, does not fit into these categories; but like every authentic thing of worth, both are rare.

* The word "pompier" originated with the resemblance in mid-nineteenth century pictures of the casques of ancient Roman officials to firemen's helmets. It is now applied to persons who represent pompous pedantry and officialdom.

sont rares. Le faux mécène se recrute d'ordinaire dans le rang des snobs, comme le vieux pompier dans la classe bourgeoise.

Pour des raisons que j'ai déjà dites, le bourgeois m'irrite beaucoup moins que le snob. Ce n'est pas le défendre que de constater qu'il est vraiment trop facile de l'attaquer. Nous laisserons ces attaques aux grands spécialistes de la question — aux communistes. Du point de vue de l'humanisme et du développement de la spiritualité, il va sans dire que le bourgeois constitue un obstacle et un danger. Mais ce danger est trop connu pour nous inquiéter au même point que celui qui n'est pas dénoncé comme tel: le snobisme.

Il est impossible, pour finir, de ne pas dire deux mots du mécène qui a joué un rôle primordial dans le développement des arts. La dureté des temps et la démagogie envahissante qui tend à faire de l'Etat un mécène anonyme et sottement égalitaire nous forcent à regretter le margrave de Brandebourg qui fut secourable à Jean-Sébastien Bach, le prince Esterhazy qui prit soin de Haydn et Louis II de Bavière qui protégea Wagner. Si le mécénat s'affaiblit de jour en jour, honorons les quelques mécènes qui nous restent, depuis le mécène pauvre qui croit avoir assez fait pour les artistes quand il leur offre une tasse de thé en échange de leur gracieux concours, jusqu'au richard anonyme qui, ayant délégué le soin de distribuer ses libéralités au secrétariat chargé du département des munificences, devient ainsi mécène sans le savoir.

The false patron is ordinarily recruited from the rank of the snobs, just as the old-fashioned *pompier* is usually recruited from the bourgeoisie.

For reasons I have already given, the bourgeois irritates me much less than the snob. And I am not defending the bourgeois when I say that it is really too easy to attack him. We shall leave those attacks to the great specialists in this matter — the communists. From the point of view of humanism and the development of the spirit, it goes without saying that the bourgeois constitutes an obstacle and a danger. But that danger is too well known to disquiet us in the same measure as the danger that is never denounced as such: snobbery.

It is impossible, in concluding, not to say a word or two about the patron that has played a role of prime importance in the development of the arts. The harshness of the times and the all-engulfing demagoguery that tend to transform the state into an anonymous and senselessly leveling patron make us long for the Margrave of Brandenburg who was helpful to Johann Sebastian Bach, for Prince Esterhazy who looked after Haydn, and for Louis II of Bavaria who protected Wagner. Though art patronage grows weaker day by day, let us honor the few patrons that remain to us, from the poor patron who feels he has done enough for the artist when he has offered him a cup of tea in exchange for his gracious contribution, to the anonymous Dives who, having delegated the job of distributing largess to the secretariat in charge of the department of munificence, thus becomes a patron without knowing it.

LES AVATARS DE LA MUSIQUE RUSSE

POURQUOI ENTENDONS-NOUS toujours parler de la musique russe en tant que russe et non en tant que musique tout court? Parce qu'on s'attache au pittoresque, aux rythmes curieux, aux timbres de l'orchestre, à l'orientalisme, à la couleur locale en un mot; parce qu'on s'intéresse à tout ce qui participe du décor russe ou prétendu tel: troïka, vodka, isba, balalaïka, pope, boyard, samovar, nitchevo et même bolchevisme. Car le bolchevisme dispose d'étalages analogues, qui portent d'autres noms, plus conformes aux exigences de ses doctrines.

J'espère que vous voudrez bien m'autoriser à considérer la Russie d'un autre point de vue. . . . Mon dessein est précisément de dissiper un éternel malentendu et de vous aider à rectifier ces erreurs de perspective. Si j'ai voulu consacrer un de mes cours à la musique russe, ce n'est pas parce que j'y suis particulièrement attaché en raison de mes origines, c'est avant tout parce que la musique de Russie, en particulier dans ses derniers développements, illustre de façon caractéristique et très précieuse les thèses essentielles que je me plais à vous exposer. Je m'attarderai donc moins à un historique de la musique russe qu'à ce que j'ai appelé ses avatars — ses transformations au cours de la très brève période qui enclôt sa durée, puisque ses origines en tant qu'art savant, ne remontent pas au delà d'une centaine d'années, et l'on s'accorde de coutume à les confondre avec les débuts de Glinka.

C'est à compter de Glinka qu'on peut observer l'emploi du folklore dans la musique russe. C'est dans l'opéra *la Vie pour le Tsar* que le *mélos* populaire s'introduit comme naturellement

THE AVATARS OF RUSSIAN MUSIC

WHY DO WE ALWAYS HEAR Russian music spoken of in terms of its Russianness rather than simply in terms of music? Because it is always the picturesque, the strange rhythms, the timbres of the orchestra, the orientalism — in short, the local color, that is seized upon; because people are interested in everything that goes to make up the Russian, or supposedly Russian, setting: *troïka, vodka, isba, balalaïka, pope, boyar, samovar, nitchevo,* and even bolshevism. For bolshevism offers similar displays which, however, bear names that conform more closely to the exigencies of its doctrines.

I hope you will be so good as to permit me to consider Russia from another point of view . . . My express purpose is to help clear up a misapprehension of long standing to correct certain distortions of perspective. If I have seen fit to devote one session of my course to Russian music, it is not because I am particularly fond of it by reason of my origins; it is chiefly because the music of Russia, particularly in its latest developments, illustrates in a characteristic and very significant way the principal theses that I desire to present to you. I shall thus devote less time to an historical view of Russian music than to what I have called its avatars — its transformations during the course of the very brief period that comprises its whole existence. For its beginnings as an art conscious of itself do not go back for more than a hundred years or so, and it is customarily agreed that these beginnings are inseparable from the first works of Glinka.

From Glinka on we can observe the use of folklore in Russian music. It is in the opera *A Life for the Czar* that the *melos* of the

dans la musique savante. Glinka n'obéit pas ici à une règle de conduite. Il ne songe pas à préparer une vaste entreprise pour les besoins de l'exportation: il prend le motif populaire comme matière première et le traite tout instinctivement selon les usages de la musique italienne alors à la mode. Glinka ne prend pas un bain de peuple, comme certains de ses successeurs, pour affermir sa vigueur au contact de la vérité. Il ne cherche que les éléments d'un plaisir musical. D'une culture acquise au contact des Italiens, il conserva toujours un goût naturel pour la musique italienne et c'est sans esprit de système qu'il introduisit dans son œuvre des mélodies d'origine ou de sentiment populaire.

Dargomisky, talent moins puissant, moins original, mais des plus fins, manifeste des goûts analogues. Son charmant opéra *Roussalka*, ses délicieuses romances, lieder et mélodies mélangent également le *mélos* russe à l'italianisme régnant avec la plus insouciante et la plus charmante liberté.

Les Cinq, ces slavophiles de l'espèce populiste, devaient ériger en système cette inconsciente utilisation du folklore. Leur idées et leurs goûts les inclinaient à une espèce de dévotion pour la cause du peuple, tendance qui ne prenait pas encore, bien entendu, l'ampleur qu'elle a prise de nos jours en conformité avec les instructions de la troisième internationale.

Balakireff, Moussorgsky, Borodine, Rimsky-Korsakoff, auxquels il faut joindre la personnalité moins caractéristique de César Cui, s'en prennent donc à la mélodie populaire et aux chants liturgiques.

Avec les meilleures intentions — et avec des talents inégaux, les Cinq tentèrent donc de greffer le motif populaire sur la musique savante. Leur fraîcheur, au début, suppléait à l'insuffisance de leur technique. Mais la fraîcheur se renouvelle difficilement. Le moment vint où le besoin se fit sentir de corser les réalisations, et, pour y parvenir, de parfaire la technique. D'amateurs qu'ils étaient tous au début de leur mouvement, ils

people is quite naturally incorporated into art music. Glinka is not here obeying the dictates of custom. He does not think of laying the groundwork of a vast enterprise for export purposes: he takes the popular motif as raw material and treats it quite instinctively according to the usages of the Italian music then in vogue. Glinka does not hobnob with the common people, as certain of his successors did, to reinforce his vigor through contact with the plain truth. He is merely looking for elements of musical enjoyment. Out of a culture acquired through contact with the Italians, he always retained a natural taste for Italian music, and it is without any desire to establish a system that he introduced into his works melodies of popular origin or feeling.

Dargomyzhski, a talent less forceful, less original, but of the finest sort, shows similar tastes. His charming opera *Roussalka*, his delightful *romanzas* and songs likewise mingle the Russian popular *melos* and the prevailing Italianism with the most carefree and charming ease.

The Five, Slavophiles of the populist variety, were to set up this unconscious utilization of folklore as a system. Their ideas and their tastes inclined them toward a kind of devotion for the people's cause, a tendency which, of course, had not yet taken on the vast proportions that it has in our day in conformity with the instructions of the Third International.

Balakirev, Moussorgsky, Borodin, Rimski-Korsakov, to whom we must add the less characteristic personality of César Cui, all seize upon popular melodies and liturgical chants.

So, with the best of intentions — and with varying degrees of talent — The Five sought to graft the popular strain upon art music. At the outset, the freshness of their ideas made up for the inadequacy of their technique. But freshness is not easily reproduced. The moment arrived when the need was felt to consolidate achievements, and to that end, to perfect technique. From the amateurs that all of them were at the outset of their movement, they changed to

devinrent professionnels et perdirent cette beauté du diable qui faisait leur charme.

C'est ainsi que Rimsky-Korsakoff se mit à l'étude méthodique de la composition et rompant avec l'amateurisme de ses collègues devint lui-même un professeur éminent.

A ce titre, il institua une pépinière de compositeurs authentiquement professionnels, posant ainsi les bases d'un enseignement académique des plus solides et fort estimable. J'ai pu éprouver par moi-même les bienfaits de son sobre et puissant talent pédagogique.

Autour des années 8o, un riche amateur, Belaïeff, que se voulut éditeur pour l'amour de la musique russe, réunit un petit cercle de musiciens qui comprenait Rimsky-Korsakoff, son jeune et brillant élève Glazounow, Liadow et quelques autres compositeurs dont les œuvres laissaient paraître, sous le souci d'une technique professionnelle des plus sérieuses, les symptômes alarmants d'un nouvel académisme. Le cercle Belaïeff tournait toujours davantage à l'académisme. L'italianisme renié et méprisé cédait à un attrait toujours croissant pour la technique allemande et ce n'est pas sans raison qu'on a dénommé Glazounow le Brahms russe.

Au foyer constitué par le groupe des Cinq s'opposait un autre foyer, où brillait du seul éclat de son puissant talent la personnalité unique de Tchaïkowsky. Tchaïkowsky, comme Rimsky-Korsakoff, se rendit compte de la nécessité d'acquérir une solide technique; l'un et l'autre furent professeurs de Conservatoire, Rimsky à Saint Pétersbourg, Tchaïkowsky à Moscou. Mais le langage musical de ce dernier est aussi détaché que celui de Glinka du parti pris qui caractérisait les Cinq. Tandis que Glinka vécut sous le règne de l'opéra et du chant italien, Tchaïkowsky, qui paraît à la fin de ce règne, n'avait pas une admiration exclusive pour la musique italienne qui n'avait pas présidé à sa formation. Son éducation professionnelle s'était faite selon les méthodes des académies allemandes. Mais, s'il ne se dé-

professionals and lost the first fine careless rapture of youth that was their charm.

That was how Rimski-Korsakov came to embark on a methodic study of composition and broke with the amateurism of his colleagues to become himself an eminent teacher.

In that capacity he set up an active center of genuinely professional composers, thereby laying the foundations for the most solid and most estimable academic instruction. I was able to enjoy for myself the benefits of his sober and forceful pedagogic gift.

Around the eighties, a rich amateur, Belyaev, who turned publisher out of love for Russian music, brought together a small circle of musicians which included Rimski-Korsakov, his young and brilliant pupil Glazunov, Liadov, and a few other composers. Under cover of concern for the most serious of professional techniques, their works gave evidence of the alarming symptoms of a new academicism. The Belyaev circle, then, turned more and more towards academicism. Italianism, renounced and reviled, gave way to an ever-increasing enthusiasm for German technique, and it is not without reason that Glazunov has been called the Russian Brahms.

The nucleus made up by the group of The Five found opposition in another quarter where, simply by virtue of the brilliance of his powerful talent, the personality of Tchaikovsky shone forth all alone. Tchaikovsky, like Rimski-Korsakov, was aware of the necessity of acquiring a solid technique; both were conservatory teachers, Rimski at Saint Petersburg, Tchaikovsky at Moscow. But the latter's musical language is as completely apart from the prejudices that characterized The Five as Glinka's had been. Whereas Glinka lived during the reign of the opera and Italian song, Tchaikovsky, who appears at the end of this reign and whose formation had been determined by it, did not have an exclusive admiration for Italian music. His formal education had been conducted along the lines of the German academies. But if he was not ashamed of liking

fendait pas d'aimer Schumann et Mendelssohn dont la musique a manifestement influencé son œuvre symphonique, ses regards se portaient avec une sorte de prédilection sur Gounod, Bizet et Delibes, ses contemporains français. Néanmoins, pour attentif et sensible qu'il fût au monde extérieur à la Russie, on peut dire qu'il se montra généralement, sinon nationaliste et populiste comme les Cinq, du moins profondément national par le caractère de ses thèmes, la coupe de ses phrases et la physionomie rythmique de son œuvre.

Je vous ai parlé du Russe Glinka qui épousa l'Italie, des Cinq Russes qui marièrent au folklore national le réalisme naturaliste cher à leur époque et du Russe Tchaïkowsky, lequel trouva sa véritable expression en ouvrant largement les bras à la culture occidentale.

Quoi qu'il en fût de ces tendances, elles étaient compréhensibles et légitimes. Elles obéissaient à un certain ordre. Elles se tenaient dans la ligne historique de la Russie. Malheureusement, l'académisme qui se laissait pressentir dans l'activité du cercle Belaïeff n'allait pas tarder à susciter des épigones, cependant que les imitateurs de Tchaïkowsky dégénéraient dans un mièvre lyrisme. On pouvait ainsi se croire à la veille d'une dictature du conservatisme, quand on vit se glisser dans la pensée russe ce désordre dont le succès de la théosophie vint marquer les débuts. Désordre idéologique, psychologique, sociologique qui s'empara de la musique avec une impudente désinvolture. Car enfin, est-il possible de relier à une tradition quelconque un musicien comme Scriabine? D'où vient-il? Et qui sont ses ancêtres?

Nous voici donc amenés à considérer deux Russies, une Russie de droite, une Russie de gauche, et qui incarnent deux désordres: le désordre conservateur et le désordre révolutionnaire. Qu'est-il advenu de ces deux désordres? L'histoire des vingt dernières années va se charger de nous l'apprendre.

Nous allons voir le désordre révolutionnaire dévorer le

Schumann and Mendelssohn, whose music obviously influenced his symphonic work, his sympathies went out with a sort of predilection to Gounod, Bizet, and Delibes, his French contemporaries. Nevertheless, however attentive and sensitive he was to the world outside of Russia, one can say that he generally showed himself to be, if not nationalist and populist like The Five, at least profoundly national in the character of his themes, the cut of his phrases, and the rhythmic physiognomy of his work.

I have spoken to you of the Russian Glinka who embraced Italy, of the Russian Five who wed national folklore to the naturalistic realism dear to their epoch, and of the Russian Tchaikovsky, who found his true expression by turning with open arms to occidental culture.

Whatever one may think of these tendencies, they were comprehensible and legitimate. They obeyed a certain order. They took their place within the framework of Russian history. Unfortunately, academicism, the first signs of which were visible in the activity of the Belyaev circle, was not long in gathering epigones, while the imitators of Tchaikovsky degenerated into a mawkish lyricism. But just when one might have thought we were on the eve of a dictatorship of conservatism, a new disorder had wormed its way into Russian thought, a disorder whose beginnings were marked by the success of theosophy; an ideological, psychological, and sociological disorder that took possession of music with impudent unconcern. For, frankly, is it possible to connect a musician like Scriabin with any tradition whatsoever? Where does he come from? And who are his forebears?

So we are brought to consider two Russias, a Russia of the right and a Russia of the left, which embody two kinds of disorder: conservative disorder and revolutionary disorder. What has been the upshot of these two disorders? The history of the last twenty years will assume the burden of showing us.

We shall see revolutionary disorder devour conservative disorder,

désordre conservateur. Il y prend tant de goût qu'il en redemande et qu'il en redemandera toujours davantage — jusqu'à ce qu'il en crève d'indigestion.

J'aborde maintenant la seconde partie de cette leçon: c'est la musique russe soviétique qui en fera le sujet.

Je dois tout d'abord avouer que je ne la connais que de loin. Mais Gogol n'a-t-il pas dit que d'un pays lointain (en l'occurrence l'Italie, sa seconde patrie) "il lui était plus aisé d'embrasser la Russie dans toute son ampleur"? Je crois aussi que j'ai quelque droit d'en juger du point de vue de l'Europe ou des Etats-Unis. D'autant plus qu'à l'heure actuelle, la Russie se trouve aux prises avec des processus si contradictoires, qu'il s'avère presque impossible de les élucider de près, à plus forte raison de l'intérieur même de ce pays.

C'est de la musique que je vais parler, mais il est indispensable auparavant, pour mieux délimiter, pour mieux situer ce problème particulier, de vous dire quelques mots en termes très généraux sur la Révolution russe.

Ce qui nous frappe avant tout, c'est qu'elle soit survenue à une époque où la Russie semblait s'être définitivement affranchie (tout au moins en principe) tant de la psychose matérialiste, que des idées révolutionnaires qui l'avaient asservie depuis le milieu du XIXᵉ siècle, jusqu'à la première révolution de 1905. En effet, le nihilisme, le culte révolutionnaire du peuple, le matérialisme rudimentaire ainsi que les menées obscures élaborées dans les bas-fonds terroristes avaient peu à peu disparu. A cette époque la Russie s'était déjà enrichie de nouvelles idées philosophiques. Elle avait entrepris des recherches sur ses propres destinées historiques et religieuses, dues principalement à Léontieff, Solovieff, Rosanoff, Berdiaïeff, Fédoroff, Nesméloff. D'autre part, le "Symbolisme" littéraire qui se rattache aux noms de Blok, Z. Guippius et Béliy, comme aussi le mouvement artistique de Diaghilew "Mir Iskoustva" avaient beaucoup contribué à cet enrichissement. Sans parler de ce que

and, devouring, develop such a taste for the dish that it will ask for more, and always keep asking for more — until it dies of indigestion.

And this brings me to the second part of my lesson: Soviet Russian music will be its subject-matter.

First of all, I must confess that I know it only from a distance. But did not Gogol say that from a distant land (in this case, Italy, his adopted country) "it was easier for him to embrace Russia in all its vastness"? I too believe I have some right to judge it from a west European or American vantage point. All the more so because Russia, at the present moment, is wrestling with processes so contradictory that it is admittedly almost impossible to see clearly from a close vantage point, and consequently all the more impossible from the interior of the country itself.

Music is what I am going to speak about, but before I do that, it is absolutely essential in order that this particular problem may be the better delimited and placed, that I say a few words to you in very general terms about the Russian Revolution.

What strikes us above all is that the Revolution came at a time when Russia seemed to have freed itself once and for all (at least in principle) both from the psychosis of materialism and from the revolutionary ideas that had enslaved it since the middle of the nineteenth century up until the first revolution of 1905. In truth, the nihilism, the revolutionary cult of the common people, the rudimentary materialism, as well as the shady plots hatched in the underworld of terrorism, had little by little disappeared. By that time Russia had already become enriched with new philosophic ideas. She had undertaken researches into her own historical and religious life, researches attributable chiefly to Leontiev, Soloviëv, Rosanov, Berdyaev, Fedorov, and Nesmelov. On the other hand, the literary "Symbolism" that we connect with the names of Blok, Z. Guippius, and Bely, as well as the artistic movement "Mir Iskoustva" of Diaghilev, had contributed much to this enrichment. Not to

l'on appelait alors "le marxisme légal," qui avait supplanté le marxisme révolutionnaire de Lénine et des émigrés groupés autour de lui.

Certes, cette "Renaissance Russe" pouvait paraître à beaucoup d'égards inorganique et impuissante; à plus forte raison la jugeons-nous telle aujourd'hui.

Qu'on se rappelle seulement ce mouvement grotesque dirigé par Tchoulkoff qui s'intitulait "Le Mouvement des Anarchistes Mystiques," de la mystique fort suspecte d'ailleurs, Mérejkowsky et le succès significatif d'Andréeff et d'Artzibacheff, romanciers du plus mauvais goût. Mais, comparées à l'époque obscure des années 1860 à 1880, celle des Tchernichevsky, Dobrolioubof, Pissareff, tandis que du milieu des faux intellectuels, moralement déclassées et socialement déracinés, des séminaristes athées et des étudiants ratés montait une vague perfide qui profanait les bases authentiques de la culture et de l'Etat, les vingt années qui ont précédé la Révolution nous apparaissent à juste titre comme une courte période d'assainissement et de renouveau.

Hélas, cette renaissance culturelle n'a pas trouvé son expression adéquate dans la sphère des réformes gouvernementales ni dans le domaine d'initiative économique et des problèmes sociaux, si bien qu'au début de la grande guerre le monde russe se composait encore d'éléments paradoxalement disparates tels que le régime féodal (encore existant à ce moment), le capitalisme occidental et un communisme primitif (sous la forme de communautés rurales). Rien de surprenant, dès lors, qu'au premier choc (en l'occurrence la grande guerre) ce système, si toutefois on peut appeler cela un système, n'ait pu résister à la pression extérieure et intérieure. Ainsi, la Révolution naissante qui unissait le radicalisme marxiste des émigrés avec le "pogrom" agraire et la suppression de la propriété privée devait renverser et piétiner toutes les superstructures de la culture d'avant-guerre, ravalant par là même la Russie au rang obscur des "Démons"

mention what was then called "legalistic Marxism," which had supplanted the revolutionary Marxism of Lenin and the exiles grouped around him.

Certainly, this "Russian Renaissance" might appear inorganic and impotent in many aspects; we have all the more reason to judge it thus today.

One has only to recall the grotesque movement led by Tchoulkov which was called "The Movement of Mystical Anarchists" — a thoroughly suspect mysticism, moreover — and recall Merezhkovski and the significant success of Andreyev and Artzybasheff, novelists in the worst possible taste. Yet, compared to the dark period of the years 1860 to 1880, the period of the Chernyshevskys, the Dobrolyubovs, the Pissarevs, when a perfidious wave that defiled the true foundations of culture and the state welled up from the milieu of false intellectuals, morally disinherited and socially uprooted, and from the centers of atheistic seminarists and flunked-out students — compared to that period, the twenty years that preceded the Revolution justifiably seem to us a short period of convalescence and renewal.

Alas, that cultural renaissance did not find a commensurate expression in the sphere of governmental reforms nor in the domain of economic initiative and social problems — so that at the outset of the World War, Russian society was still made of paradoxically disparate elements such as the feudal order (still extant at that moment), occidental capitalism, and a primitive communism (in the form of rural communities). It is not surprising, therefore, that at the first shock (in this case, the World War) this system, if one can call it a system, could not withstand external and internal pressure. Thus, the nascent Revolution, which united the Marxist radicalism of the exiles with the agrarian "pogrom" and the confiscation of private property, was to overturn and trample upon all the superstructures of the pre-war culture, by that very act reducing Russia to the lowly rank of Dostoievski's "Demons" and plunging

de Dostoïewsky et la plongeant de nouveau dans un athéisme militant et dans un matérialisme rudimentaire.

On pourrait dire qu'il se produisait à cette époque une collision tragique de *deux désordres*. Au désordre révolutionnaire le gouvernement faible et lâche ne pouvait opposer qu'un autre désordre, réactionnaire celui-là. Ni les pouvoirs, ni la conscience sociale n'étaient en mesure de *réaliser* ni même de formuler un système de réaction vivant et constructif capable de brider et de désarmer la pression des forces révolutionnaires, lesquelles, cependant, s'étaient sensiblement affaiblies vers 1910, ayant perdu passablement de terrain dans leur propagande corruptrice. En vérité, l'on ne saurait s'expliquer une telle atrophie de l'Etat russe alors que, s'appuyant sur une tradition séculaire, il tendait au fond à réaliser l'idée d'une Troisième Rome. D'après l'image si juste de Rosanoff, "la Russie a perdu ses couleurs, en trois jours, sinon en deux."

Il serait temps d'abandonner ce point de vue banal et erroné (d'ailleurs bien souvent démenti par des faits) qui attribue au type russe un élément d'irrationalisme inné, avec la prétention d'y trouver l'explication de ses prédispositions au mysticisme et à la dévotion. Tout en lui accordant cette particularité, on ne saurait sans témérité s'en tenir là et négliger un autre côté de cette même nature, à savoir des tendances à un rationalisme rudimentaire et presque enfantin qui dégénère fréquemment en un sorte d'esprit critique et en bavardage stérile. Ceci également est d'un caractère spécifiquement russe.

Dans le domaine spirituel, ce dernier point a déterminé aussi bien l'athéisme militant que les doctrines rationalistes des sectes religieuses, lesquelles existent, du reste, encore de nos jours aux côtés de l'athéisme officiel des communistes. Ce rationalisme, cet esprit pseudo-critique ont empoisonné et empoisonnent sans cesse tout le domaine de l'art en Russie, avec les fameux problèmes du "sens de l'Art" de "qu'est-ce que l'Art et quelle est sa mission?"

132

it once again into a militant atheism and a rudimentary materialism.

One might say that there took place at that time a tragic collision of *two disorders*. To revolutionary disorder the weak and lax government could only oppose another disorder, a reactionary one. Neither the authorities nor social conscience was equal to the task of realizing or even of formulating a live and constructive system of counteraction capable of curbing and disarming the pressure of the revolutionary forces which, nevertheless, had appreciably weakened around 1910, having lost a good deal of ground through their subversive propaganda. In truth, it seems impossible to explain such an atrophying of the Russian state when, drawing on an age-old tradition, it was fundamentally tending to realize the idea of a Third Rome. As Rosanov's felicitous image puts it, "Russia lost its colors in three days, if not in two."

It seems high time to give up the banal and erroneous point of view (one, moreover, that has so often been given the lie by the facts) which attributes to the Russian type an element of innate irrationality, claiming to find therein the explanation of the Russian's predispositions towards mysticism and religious devotion. Even granting the Russian that peculiarity, one could not without temerity stop there and neglect another side of this same nature, namely the tendencies to a rudimentary and almost childlike rationalism that frequently degenerates into fault-finding and sterile disputation. This too is a specifically Russian characteristic.

In the spiritual realm, this other side has brought about militant atheism as well as the rationalistic doctrines of the religious sects, sects which, moreover, still exist in our day side by side with the official atheism of the communists. This rationalism, and its pseudo-critical spirit have poisoned and continue to poison the whole field of art in Russia, with the famous arguments over the "meaning of Art" and of "what is Art and what is its Mission?"

C'est immédiatement après la mort de Pouchkine et premièrement par Gogol que ces considérations se sont infiltrées dans les esprits. L'art russe en a connu un dommage considérable. Les uns voyaient la raison intrinsèque de l'Art dans l'abandon et le mépris des usages et coutumes de la vie. Je vous signale à ce propos le fameux mouvement des "Pérédvijniki," avec ses expositions ambulantes, mouvement qui a précédé l'effort de Diaghilew.

D'autres refusaient à l'art tout droit d'existence en soi. Témoin la célèbre discussion en honneur autour des années 1860: "Qu'est-ce qui est plus important, Shakespeare ou une paire de bottes?" Tolstoï, lui, dans ses divagations esthétiques, s'est fourvoyé dans l'impasse de la morale et de son impératif catégorique. Joignez à cela son incompréhension totale de la genèse de toute création. Enfin la théorie marxiste qui veut que l'art ne soit qu'une "superstructure établie sur les bases des rapports de production," a entraîné cette conséquence que l'art n'est plus en Russie qu'un instrument de propagande politique au service du parti communiste et du gouvernement. Bien entendu, cette corruption de l'esprit critique russe n'a pas épargné la musique. A l'exception de Tchaïkowsky, les successeurs de Glinka, jusqu'aux dix premières années du XX° siècle, ont tous été plus ou moins tributaires, les uns des idées du populisme, d'autres des idées révolutionnaires, d'autres enfin du folklore et tous assignaient à la musique des problèmes et des buts qui lui sont étrangers. Je vous citerai à titre de curiosité ce fait peu connu à savoir que Scriabine se proposait de mettre une épigraphe sur la partition érotico-mystique de son "*poème l'Extase*," et ce n'était autre chose que "Debout les damnés de la Terre," première phrase de l'Internationale.

Ce n'est que peu d'années avant la guerre que la musique en Russie entreprit une sorte d'émancipation. Elle tendait à s'affranchir de la tutelle des "Cinq" et surtout de l'école de Rimsky-Korsakoff, laquelle n'était plus, à ce moment, comme

It was right after Pushkin's death and primarily through Gogol that such speculations seeped into the Russian mind. Russian art has suffered considerable damage from them. Some saw the intrinsic reason for Art as the abandonment and disdain of the customs and usages of life. In this connection I call your attention to the famous movement of the "Peredvijniki," with its traveling exhibitions, a movement that preceded Diaghilev's effort.

Others denied art any right to be an end in itself. Witness to this is the famous discussion that was taken so seriously around the 1860's: "Which is the more important, Shakespeare or a pair of boots?" Even Tolstoy in his aesthetic vagaries wandered off into the impasse of morals and its categorical imperative. This is to be connected with his total incomprehension of the genesis of any kind of creation. Finally, the Marxist theory that maintains that art is only a "superstructure based on conditions of production" has had as a consequence that art in Russia is nothing more than an instrument of political propaganda at the service of the Communist Party and the government. Of course, such a corruption of the Russian critical spirit has not spared music. Down to the first ten years of the twentieth century, Glinka's successors, with the exception of Tchaikovsky, all in varying degrees paid tribute either to the ideas of populism or to revolutionary ideas or, finally, to folklore, and all of them assigned to music problems and aims that are foreign to it. I shall cite, by way of a curiosity, this little known fact: namely, that Scriabin had intended to put an epigraph on the erotico-mystical score of his "Poem of Ecstasy," an epigraph that was none other than the "Arise, ye wretched of the earth," the first sentence of the original French version of the "Internationale."

Only a few years before the war did music in Russia undertake to emancipate itself to some degree. It tended to break away from the tutelage of The Five and especially from Rimski-Korsakov school which at that moment, as we have said, represented nothing more

nous l'avons dit, qu'un académisme figé. La guerre devait briser cet effort, et les évènements ultérieurs en balayèrent les derniers vestiges. C'est ainsi que la Révolution trouva la musique russe complètement désorientée, dans son pays s'entend, de sorte que les bolcheviks n'eurent aucune peine à en diriger le développement à leur guise et à leur profit.

A vrai dire, l'art russe d'avant la Révolution d'octobre s'était tenu à l'écart du marxisme révolutionnaire. Les caudataires du symbolisme ainsi que tous les épigones groupés autour d'eux acceptèrent la révolution sans en être toutefois devenus les porte-flambeaux. Gorky, personnellement lié avec quelques uns des chefs communistes, s'exila, peu d'années après les débuts du communisme, à Sorrento, où il séjourna assez longtemps, pour ne revenir en Russie que peu avant sa mort, survenue en 1936. Cette longue absence provoqua même, de la part du poète futuriste Maïakowsky, une diatribe acerbe qu'il adressait à Gorky vers 1926 sous forme d'épître en vers — "C'est bien dommage, camarade Gorky," disait-il, "qu'on ne vous rencontre pas de nos jours sur les chantiers. Vous croyez, peut-être, y voir plus clair des collines de Capri ?"

Si étrange que cela puisse paraître, le Futurisme, seul, bien qu'il ait encouru la réprobation de Lénine lui-même, avait d'abord épousé les vues du communisme. Maïakowsky pour la poésie et Meyerhold pour le théâtre en étaient les principaux protagonistes. La musique, elle, n'a pas trouvé de *leaders* analogues. Aussi, aux premières années de la révolution, la politique musicale se bornait-elle à de rudimentaires prohibitions en autorisant telle ou telle œuvre d'auteurs bourgeois (c'était le terme consacré). Voici, à peu près, comment les choses se passaient: *Kitège* de Rimsky-Korsakoff, considéré comme trop mystique, était mis à l'index alors qu'*Eugène Onéguine* de Tchaïkowsky, reconnu pour opéra de mœurs réalistes, était admis aux honneurs de l'exécution. Ce fut ensuite le contraire. On découvrit en *Kitège* le drame popu-

than a rigid academicism. The war was to shatter these efforts, and subsequent events swept away its last vestiges. Thus the Revolution found Russian music completely disoriented, within its own country, that is, so that the Bolsheviks had no trouble at all in directing its development to their own liking and profit.

To tell the truth, Russian art before the October Revolution had held aloof from revolutionary Marxism. The late-comers of symbolism as well as all the younger imitators grouped around them accepted the revolution without by any means becoming its torch-bearers. Gorki, a personal friend of some of the communist leaders, went into exile at Sorrento a few years after the establishment of communism, where he remained for quite a long while, to return to Russia only shortly before his death, which occurred in 1936. This long absence even provoked an acid diatribe from the futurist poet Mayakovski which he addressed to Gorki around 1926 in the form of an epistle in verse — "What a pity, Comrade Gorki," he said, "that we never meet you these days in the workshops. Maybe you feel you can see things more clearly from the hills of Capri?"

Strange as it may seem, in the beginning futurism alone, even though it incurred a rebuke from Lenin himself, embraced the views of communism. Mayakovski in poetry and Meyerhold in the theater were its principal protagonists. As for music, it did not find comparable leaders. Then too, during the first years of the Revolution, musical policy restricted itself to rudimentary decrees by sanctioning one or another work by bourgeois composers (that was the consecrated term). This is about how things went: Rimski-Korsakov's *Kitesh*, considered too mystical, was put on the index, whereas Tchaikovsky's *Eugene Onegin*, recognized as an opera that portrayed manners realistically, was given the honor of being performed. Shortly afterwards it was just the opposite. *Kitesh* was discovered to

laire, et donc digne d'autorisation. Quant à *Eugène Onéguine*, il exhalait un parfum de noblesse féodale, aussi le rayait-on du répertoire. . . .

Je vous citerai encore un fait curieux de cette époque: la fondation de cet orchestre sans chef, Persimfans (premier ensemble symphonique), qui symbolisait assez naïvement le principe collectiviste en opposition au principe soi-disant autoritaire et dictatorial qui suppose le concours du chef d'orchestre. Dès lors, vous le comprendrez aisément, bien des choses ont changé dans la vie en Russie.

Au cours de la première période du bolchevisme, les pouvoirs publics avaient bien autre chose à faire que de s'occuper de l'art d'une façon suivie. Aussi celui-ci était-il en proie aux théories les plus diverses et les plus contradictoires. Ces théories relevaient, en fait, du domaine de la haute fantaisie, voire du ridicule. C'est ainsi que l'on dénonçait l'inutilité de l'opéra en général. Les auteurs de cette assertion prenaient argument de la genèse soi-disant religieuse et féodale du genre Opéra (*sic*), de son caractère conventionnel. La forme de l'Opéra, au surplus, apparaissait comme un défi au réalisme artistique, la lenteur de l'action ne correspondant en aucune manière avec le *tempo* de la nouvelle vie socialiste. D'aucuns prétendaient que le personnage principal, le héros, ne pouvait être que la "masse" ou que l'opéra révolutionnaire ne devait comporter aucun sujet. Ces théories jouirent d'ailleurs d'un certain succès, la preuve en est qu'il y eut toute une série d'opéras composés d'après ces principes d'opéras de masse et d'opéras sans sujet. Par exemple "Glace et Acier" de Dechevoff et "Le Front et l'Arrière" de Gladkowsky. Indépendamment de ces idéologies régionales et provinciales typiquement russes, on vouait à Beethoven un culte révolutionnaire et romantique. Le *Final* de la IXe Symphonie figurait souvent dans les exécutions aux côtés de *l'Internationale*, composée, on le sait par le Belge Degeyter. Lénine, on ne sait pourquoi, découvrait dans la

be a popular drama, thus worthy of being sanctioned. As for *Eugene Onegin*, it gave off a perfume of feudal nobility, so it was stricken from the repertory . . .

I shall cite still another curious fact of that period: the founding of the conductorless orchestra, Persimfans (first symphonic ensemble), which somewhat naïvely symbolized the collective principle in opposition to the so-called authoritarian and dictatorial principle which requires the aid of a conductor. Since then, as you will easily understand, many things have changed in Russian life.

During the first period of Bolshevism, the public authorities were much too busy with other things to concern themselves with art in a systematic fashion. And art itself was prey to the most diverse and contradictory theories. These theories, in truth, were derived from the domain of extravagant fantasy, or even of the ridiculous. That is how it came about that opera in general was denounced as useless. The originators of that assertion took their argument from the supposedly religious and feudal origin of the operatic genre (*sic*) and from its conventional character. Opera as a form, in addition, seemed to defy artistic realism, the slowness of its action corresponding in no way to the tempo of the new socialist way of life. Some maintained that only the masses could be the principal character, the hero of the opera, or that the revolutionary opera should not be concerned with any plot at all. These theories, furthermore, enjoyed a certain success; a fact proved by the composition of quite a series of operas according to the principles of mass-opera and plotless-opera. For example, Dechevoff's *Ice and Steel* and Gladkowsky's *The Front and the Rear*. Independently of these regional and provincial ideologies, so typically Russian, a revolutionary and romantic cult was dedicated to Beethoven. In performance the Finale of the Ninth Symphony was often played in conjunction with the "Internationale," composed, as you know, by the Belgian Degeyter. Lenin,

sonate Appassionata "une musique surhumaine." Beethoven
était considéré sous l'angle des idées de Romain Rolland qui,
vous le savez, entendait dans la *Symphonie Héroïque* des
"coups de sabre," des rumeurs guerrières, les plaintes des
vaincus.

Voici, par l'un des plus célèbres critiques musicaux soviétiques, l'analyse de cette même IIIme Symphonie. "Les violons,
à mi-voix entonnent leur chant sombre et plein de détresse. La
voix du hautbois, empreinte de tristesse, gagne de la hauteur.
Puis, les guerriers, dans un silence austère (?) accompagnent
leur chef jusqu'à sa dernière demeure. Mais ici, point de
désespoir. Beethoven l'optimiste, le grand amoureux de la Vie,
plaçait trop haut son homme pour répéter les paroles mépri-
santes (?!) de l'Eglise chrétienne: tu es poussière et tu re-
tourneras en poussière." Dans le *Scherzo* et le *Final*, il s'écrie
d'une voix de tonnerre: "Non, tu n'es pas poussière, mais bien
le maître de la Terre." Et c'est, de nouveau, dans le fougueux
scherzo, ainsi que dans le final intempestif et dévastateur, que
ressuscite l'image étincelante du héros." Tout commentaire à
de pareils commentaires me paraît superflu.

Dans un de ses articles, un autre critique et musicologue, plus
éminent et célèbre encore que le précité, assure que "Beethoven
luttait pour défendre les droits civiques de la musique en tant
qu'art et que ses œuvres ne trahissaient aucune tendance
aristocratique."

Comme vous le voyez, tout cela n'a rien à voir ni avec
Beethoven, ni avec la musique, ni avec une critique musicale
authentique.

Aujourd'hui donc, tout comme autrefois, du temps de Stas-
soff et de Moussorgsky (musicien de génie certes, mais toujours confus dans ses idées) "l'intelligentsia" ratiocinante prétend assigner à la musique un rôle et lui attribuer un sens
totalement étranger à sa vraie mission et dont elle est en vérité
fort éloignée.

140

for some unknown reason, found in the Appassionata sonata "super-human music." Beethoven was considered in the light of the ideas of Romain Rolland, who, as you know, heard "saber-clashings," the noise of battle, and the lamentations of the vanquished in the Eroica.

Here, written by one of the most celebrated Soviet music critics, is an analysis of this same Third Symphony. "The violins, in hushed voices, intone their somber and grief-stricken song. The voice of the oboe, steeped in sadness, rises steadily. Then the warriors, in austere silence [?] accompany their leader to his last resting-place. But here there is no despair. Beethoven the optimist, the great lover of Life, had too high a regard for man to repeat the contemptuous [?!] words of the Christian Church: 'Dust thou art and unto dust shalt thou return!'

In the Scherzo and the Finale Beethoven shouts in a voice of thunder: 'No, thou art not dust, but indeed the Master of the Earth.' And once again the dazzling image of the hero comes to life in the spirited scherzo, as well as in the tempestuous and shattering finale." Any commentary on commentaries of this sort seems superfluous.

In one of his articles another critic and musicologist, even more prominent and famous than the one just quoted, reassures us that "Beethoven battled to defend the civil rights of music as art, and his works betray no tendency to aristocratism."

As you can see, all this has nothing to do either with Beethoven, or with music, or with true musical criticism.

Today, then, just as in the past, in the times of Stasov and Moussorgsky (a musician of genius, assuredly, but always confused in his ideas) the reasoning "intelligentsia" seeks to assign a role to music and to attribute to it a meaning totally foreign to its true mission. A meaning from which music is in truth very far removed.

Tant d'ambition démesurée et de grandiloquence n'empêchent pas que l'Opéra le plus aimé du public et qui remplit les caisses (en dépit de toutes les subventions) soit toujours *Eugène Onéguine*. Il a fallu néanmoins, pour réhabiliter cet opéra que Lounarcharsky (commissaire des Beaux-Arts et de l'Instruction Publique) expliquât (et ceci est assez comique) que le conflit de deux amoureux ne contredisait en rien les idées du communisme.

J'essaye de vous donner un aperçu succinct de la situation contemporaine de la musique soviétique et des théories ainsi que des tendances qui ont fermenté et pris corps autour d'elle — je dois, cependant, m'arrêter encore sur deux faits.

Par deux fois, Staline s'est personnellement et manifestement mêlé aux affaires de l'art soviétique. Ce fut d'abord à propos de Maïakowsky. L'on sait que le suicide du poète, survenu en 1930, avait profondément troublé et dérouté les communistes les plus orthodoxes, suscitant une véritable levée de boucliers autour de son nom, persécution commencée d'ailleurs plusieurs années avant sa mort et fondée sur le désapprobation de toutes les tendances "de gauche" de la littérature en général. Pour rendre au nom de Maïakowsky tout son prestige et toute sa signification, il n'a rien fallu de moins que l'intervention personnelle de Staline. "Maïakowsky," disait-il, "est le plus grand et le meilleur (*sic*) poète de notre époque soviétique." Et cette épithète de devenir, bien entendu, classique et de courir dès lors de bouche en bouche. Si je m'arrête, entre temps, sur ce fait littéraire, c'est d'abord que la chaire de poétique que j'occupe en ce moment m'y autorise, je le pense, c'est ensuite que, comparée à la vie mouvementée de la littérature soviétique, la musique, elle, est toujours restée à l'ombre et en arrière.

Cependant, la seconde intervention de Staline se rapporte justement à la musique. Elle fut suscitée par les scandales que provoquèrent l'opéra de Chostakowitch "Lady Macbeth de Mtzensk" sur un sujet de Leskoff et son ballet "Le clair ruis-

So much exaggerated ambitiousness and grandiloquence do not alter the fact that *Eugene Onegin* is still the opera the public loves best, the one which replenishes the till (even though there are state subsidies). It was necessary, nevertheless, in order to rehabilitate the opera, for Lunacharski (Commissar of Fine Arts and Public Instruction) to point out (and this is quite comic) that the conflict of two lovers does in no way contradict the ideas of communism.

I am trying to give you a succinct view of the present-day situation of Soviet music and of the theories and tendencies that have taken shape around it — but I must pause once more to consider two facts.

Twice Stalin has personally and openly taken a hand in the matter of Soviet art. The first time was in connection with Mayakovski. Everyone knows that the poet's suicide in 1930 had profoundly disturbed and bewildered the most orthodox communists, provoking a veritable insurrection in his name, for the persecution of Mayakovski had begun several years before his death and was grounded on the disapproval of all "leftish" tendencies of literature in general. In order to restore full prestige and significance to Mayakovski's name, nothing less than Stalin's personal intervention would do. "Mayakovski," he said, "is the greatest and best (*sic*) poet of the Soviet epoch." And the epithet, of course, became classic and passed from mouth to mouth. If I have paused for a moment over this literary incident, I do it first of all because the chair of Poetics which I occupy at this moment authorizes me, I believe, to do so, and secondly because, compared to the tumultuous life of Soviet literature, music has remained in the shade, in the background.

However, the second intervention by Stalin is connected precisely with music. It was brought about by the scandals provoked by Shostakovich's opera *Lady Macbeth of Mtsensk* on a subject taken from Leskov, and by his ballet "The Limpid Brook" on the themes

seau" sur des thèmes Kolkhosiens. La musique de Chostakowitch et les sujets de ses compositions furent sévèrement jugés, peut-être pas tout à fait à tort cette fois. On les taxait en outre de formalisme décrépit. On interdit l'exécution de sa musique qui rejoignit ainsi celle de Hindemith, Schoenberg, Alban Berg et autres compositeurs d'Europe.

Il faut vous dire que cette guerre contre la musique soi-disant difficile avait ses raisons.

Les périodes du romantisme, du constructivisme et du futurisme une fois révolues et à la suite d'interminables discussions sur des thèmes comme "Le Jazz ou la Symphonie?", en conséquence, aussi, de la manie du grandiose, la conscience artistique, pour des motifs nettement politiques et sociaux, rompit brusquement avec les formules de gauche et se fraya une voie dans la "simplification," le nouveau popularisme et le folklore.

La vogue du compositeur Dzerjinsky, appuyée par l'approbation personnelle de Staline, ainsi que le succès de ses opéras sur les sujets de romans de Cholokoff "Le Don Paisible" et "Terre défrichée," ont révélé cette tendance au folklore populaire soi-disant nouvelle, mais familière en réalité, et depuis longtemps, à la musique russe, tendance dans laquelle elle persiste jusqu'à ce jour.

C'est intentionnellement que je ne m'arrête pas aux œuvres et à l'activité des compositeurs qui s'étaient déjà révélés et formés avant la révolution et qui n'ont subi depuis aucune évolution marquante. (Par exemple Miaskowsky, Steinberg et d'autres qui ne sont que des épigones des écoles Rimsky-Korsakoff et des Glazounoff.)

On prétend aujourd'hui en Russie que le nouvel auditeur de la masse exige une musique simple et compréhensible. Le mot d'ordre pour tous les arts est le "réalisme socialiste." D'autre part, la politique nationale de l'Union Soviétique encourage de mille façons la production artistique régionale des onze ré-

144

of the Kolkhos (Collective Farm). Shostakovich's music and the subject-matter of his compositions were severely censured, perhaps not altogether wrongly this time. They were additionally attacked as being decrepit formalism. The performance of his music was forbidden, thus joining the ranks of the music of Hindemith, Schoenberg, Alban Berg, and other European composers.

I must tell you that there were reasons for this war against so-called difficult music.

After the periods of romanticism, constructivism, and futurism had run their course, and after interminable discussions on themes such as "Jazz or Symphony?", and also as a consequence of the mania for everything grandiose, artistic consciousness broke abruptly with the leftist formulas, for clearly political and social reasons, and followed the paths of "simplification," and the new popularism and folklore.

The vogue for the composer Dzerjinsky, abetted by Stalin's personal approval, as well as by the success of his operas on subjects taken from Sholokhov's novels *The Silent Don* and *Seeds of Tomorrow*, revealed this self-styled "new" trend towards popular folklore, a trend in reality long familiar to Russian music, and in which it persists to this very day.

I am purposely not spending any time on the works and activity of the composers who had already been formed and become known before the Revolution and who have since undergone no marked development (for example, Miaskovski, Steinberg, and others who are merely the followers of the Rimski-Korsakov and Glazunov schools).

It is maintained in Russia today that the new listener of the masses requires a simple and comprehensible music. The order of the day for all the arts is "socialist realism." On the other hand, the national policy of the Soviet Union encourages in a thousand ways the regional artistic production of the eleven republics included in the

publiques comprises dans le système de cette Union. Ces deux faits ont déterminé d'eux-mêmes le style, le genre et les tendances de la musique soviétique contemporaine.

En peu d'années il a paru quantité de recueils englobant les chants populaires les plus divers (ukrainiens, géorgiens, arméniens, azerbaïdjiens, abkhaziens, bouriato-mongols, tatares, kalmouks, turkméniens, kirghyses, hébraïques, etc.). Si intéressant et si important qu'il soit par lui-même, ce travail d'ethnographie et de classification n'aurait par dû se confondre avec les problèmes de la culture et de la création musicale, comme c'est le cas en Russie Soviétique, car celles-ci n'ont pas grand chose à voir avec les expéditions ethnographiques. D'autant que ces expéditions ont toutes pour but obligatoire de noter et de rapporter des milliers de chants sur Staline, Voroshiloff et tous les chefs. A plus forte raison la création musicale n'a-t-elle rien à faire avec les harmonisations conventionnelles toujours et souvent suspectes de ces chants populaires.

Il est cependant curieux que l'intérêt nettement politique, qui se porte constamment sur le folklore musical aille de pair, comme toujours en Russie, avec une théorie confuse et compliquée expliquant notamment que "les différentes cultures régionales se transforment et s'amplifient en culture musicale de la grande patrie socialiste."

Voici ce qu'écrit l'un des plus éminents musicographes et musicologue soviétique: "Il serait temps d'abandonner cette distinction féodale, bourgeoise et prétentieuse entre la musique populaire et la musique savante. Comme si la qualité esthétique n'était le privilège que de l'invention individuelle et la création personnelle du compositeur." Si l'intérêt croissant pour l'ethnographie musicale est acheté au prix de telles hérésies, il serait peut-être préférable que cet intérêt se reportât sur ses formes primitives d'avant la révolution, sans quoi il risque de n'apporter à la culture musicale de la Russie que détriment et confusion.

Cet engouement pour le folklore n'en a pas moins donné

system of the Union. These two facts alone have determined the style, form, and tendencies of contemporary Soviet music.

Within a few years a quantity of collections has appeared made up of the most varied folk songs (Ukrainian, Georgian, Armenian, Azerbaijanian, Abkhasian, Buriato-Mongol, Tartar, Kalmuk, Turkmenian, Kirghiz, Hebraic, and so on). As interesting and important as this ethnographical and taxonomic work may be in itself, it should not be confused, as is the case in Soviet Russia, with problems of culture and musical creation, for these have very little to do with ethnographic expeditions. All the more so in view of the fact that these expeditions have as their prescribed aim to notate and bring back thousands of songs on Stalin, Voroshilov, and the other leaders. All the more reason why musical creativeness does not enter into the unfailingly conventional and often suspect harmonizations of these folk songs.

At the same time, it is noteworthy that the clearly political interests that are constantly brought to bear on musical folklore should go hand in hand, as is always the case in Russia, with a confused and complicated theory expressly pointing out that "the different regional cultures are evolving and broadening into a musical culture of the whole great socialist country."

Here is what one of the most outstanding of Soviet music critics and musicologists writes: "It is high time that we abandon the distinction — entirely feudal, bourgeois, and pretentious — between folk music and artistic music. As if the quality of being aesthetic were only the privilege of the individual invention and personal creation of the composer." If the growing interest in musical ethnography is bought at the price of such heresies, it would perhaps be preferable that this interest be exercised on the pre-revolutionary primitive musical forms, otherwise it runs the risk of bringing only harm and confusion to Russian music.

This fad for folklore gave rise nonetheless to a whole series of

naissance à toute une série de compositions, petites ou grandes telles que: les opéras "Schah-Sénem," "Gulsara," "Daïssi," "Abessalom et Eteri," "Aïtchourek," "Adjal-Ordouna," "Altine-Kiz," "Tarass-Boulba," etc. Ces compositions appartiennent toutes au type conventionnel de l'opéra. Elles ne résolvent, bien entendu, aucun problème de création, car elles appartiennent au genre pompier et affectent le genre pseudo-populaire. On peut y rattacher aussi l'engouement récent pour l'opérette "ukrainienne," appelée autrefois opérette "petite-russienne."

Si les dirigeants de la musique soviétique confondent, volontairement ou peut-être par ignorance, les problèmes d'ethnographie avec ceux de la création, ils commettent la même erreur à l'endroit de l'exécution, puisqu'ils l'élèvent tendancieusement au niveau du phénomène créateur et de la vraie culture musicale. Il en va de même de ces groupements d'amateurs de tous genres qui forment des orchestres, des chorales, des ensembles populaires et dont on prend toujours argument pour prouver le développement des forces artistiques des peuples de l'Union. Certes, il est bien que les pianistes ou les violonistes soviétiques obtiennent des premiers prix dans les concours internationaux (pour autant que de tels concours aient jamais eu une utilité quelconque et qu'ils aient jamais apporté quoique ce soit à la musique). Certes, il est bien que la Russie pratique ses danses populaires, cultive ses chants kolkhosiens. Mais est-il possible de s'attarder à ces faits secondaires pour trouver dans ces facteurs quantitatifs les signes d'une véritable et authentique culture dont les sources et les conditions, de même que dans tous les domaines de la création, ne résident nullement dans cette consommation en masse, ressemblant plutôt à un dressage, mais bien en quelque chose d'entièrement différent, que la Russie Soviétique a tout à fait oublié ou dont elle a désappris le langage.

Je dois encore attirer votre attention sur deux courants qui, à mon avis, situent d'autant mieux les tendances musicales de la

compositions, small and large, such as the operas *Schah-Sénem,* *Gulsara, Daïssi, Abessalom and Eteri, Aïtchourek, Adjal-Ordouna,* *Altine-Kiz, Tarass-Boulba,* and so on. All these compositions belong to the conventional type of opera. Of course they solve no creative problem, for they belong to the category of "official" art and affect a pseudo-popular idiom. One can add in this connection the recent fad for the "Ukrainian" operetta that formerly was called the "Little Russian" operetta.

If the overseers of Soviet music confuse, wilfully or perhaps through ignorance, the problems of ethnography with those of creativeness, they commit the same error in the matter of performance, since they elevate it for tendentious reasons to the level of a creative phenomenon and of true musical culture. The same holds true for those amateur groups of all sorts that form orchestras, choruses, and popular ensembles which are always cited as an argument to prove the development of the artistic powers of the peoples of the Union. Certainly it is fine that Soviet pianists and violinists carry off first prizes in international competitions (insofar as such competitions have ever had any value whatsoever or contributed anything at all to music). Certainly it is fine that Russia should perform her folk dances and cultivate songs of the Kolkhosi. But is it possible to linger over these secondary matters in the hope of finding in such quantitative factors the signs of a true and genuine culture whose sources and conditions, just as in all the other fields of creation, are not at all contained in this mass consumption, which looks more like a result of drilling? Are such signs not to be found in something entirely different, something which Soviet Russia has completely forgotten or whose language she has unlearned?

I must finally direct your attention to two trends which, in my opinion, throw light on the musical tendencies of contemporary

Russie contemporaine qu'ils se sont assez nettement dessinés ces derniers temps. C'est, d'une part, le renforcement de la Thématique révolutionnaire, le besoin de sujets révolutionnaires d'actualité immédiate. C'est, d'autre part, l'adaptation assez particulière et encore sans exemple ailleurs des œuvres classiques aux besoins de la vie contemporaine. Après avoir utilisé les romans de Cholokhoff pour y prendre des sujets d'opéra, on s'est tourné vers Gorky, vers des sujets de guerre civile. On en est même venu, dans un nouvel opéra *Dans la Tempête* à faire figurer Lénine. En ce qui concerne les fameuses adaptations dont je viens de vous parler, je puis vous dire que tout récemment on a remis au répertoire du ballet le "Casse-Noisette" de Tchaïkowsky, non sans en avoir modifié le sujet et le libretto d'une couleur prétendue trop mystique et donc dangereuse autant qu'étrangère au spectateur soviétique. De même, après des hésitations infinies et de multiples révisions, le célèbre opéra de Glinka *La Vie pour le Tsar* a repris sa place au répertoire sous le titre de "Yvan Soussanine." Le mot "Tsar" a été remplacé pour la circonstance par les mots "Patrie," "Terre" et "Peuple." Quant à l'Apothéose, on en a gardé la mise en scène primitive avec le carillon traditionnel et les processions du clergé dans ses chasubles d'or. Ce n'est pas dans la musique de Glinka qu'il faut chercher l'explication de cette mise en scène patriotique, mais bien dans la propagande de défense nationale. Dépourvu de ses propres formes d'expression, le patriotisme communiste imposé au gouvernement soviétique par la force des choses ("Du glaubst zu schieben, und du bist geschoben") s'est trouvé, par voie de subversion, une expression dans l'un des plus purs chefs-d'œuvres de la musique russe classique qui avait été conçu et composé en de tout autres circonstances et qui révêtait un sens entièrement différent.

Si la culture musicale de la Russie contemporaine était aussi florissante qu'on le prétend, quel besoin avait-on de recourir à cet emprunt, je dirai même à cette falsification de Glinka?

Russia all the better in that they are becoming more and more pronounced in recent years. These trends are, on the one hand, the reinforcing of the Thematics of the Revolution, the need for revolutionary subjects of immediate interest to the present day; and on the other hand, the rather specialized adaptation of classical works — still unprecedented elsewhere — to the requirements of contemporary life. After utilizing Sholokhov's novels as a source of operatic subjects, they have turned to Gorki and to civil-war subjects. In a new opera, *In the Storm*, they have even reached the point of making Lenin appear on the stage. As for the famous adaptations which I have just mentioned, I can tell you that quite recently the "Nutcracker" of Tchaikovsky was restored to the ballet repertory, not without modifying its plot and libretto, which were found to be of too mystical a coloring and thus dangerous, as well as foreign, to the Soviet spectator. In a like manner, after endless hesitations and numerous revisions, Glinka's celebrated opera *A Life for the Czar* has once more taken place in the repertory under the title of *Ivan Soussanine*. The word "Czar" was replaced as the occasion required by the words "Country," "Homeland," and "People." As for the Apotheosis, the original stage setting was retained with the traditional chimes and the processions of the clergy in their golden chasubles. One should not seek an explanation for this patriotic setting in Glinka's music, but rather in the national-defense propaganda. Lacking any authentic forms of expression of its own, the communist patriotism imposed upon the Soviet government by the pressure of events ("Thou thinkest to press, and thou art pressed") expressed itself, via subversion, through one of the purest masterpieces of classical Russian music, a masterpiece which had been conceived and composed in entirely different circumstances and embodied an entirely different meaning.

If the musical culture of contemporary Russia were as flourishing as is maintained, what need was there to have recourse to this borrowing from, I might even say this falsification of, Glinka?

Le problème actuel de la Russie communiste, vous le comprenez vous-mêmes, est avant tout un problème de concept général, c'est-à-dire un système de compréhension et d'estimation des valeurs. C'est le choix et la discrimination de l'admissible avec l'inadmissible, une synthèse de l'expérience et de ses conséquences, autrement dit de ses conclusions, lesquelles déterminent le goût et le style de toute vie, de toute action. D'où je tiens qu'aucun concept général ne peut véritablement évoluer, étant en soi un cercle clos. On ne peut qu'y rester enfermé ou en sortir. C'est précisément le cas du concept communiste. Pour ceux qui sont pris dans ce cercle, toute question, toute réponse est déterminée d'avance.

Pour me résumer, je voudrais dire ceci. D'après l'état d'esprit russe actuel il y aurait au fond deux formules qui expliquent ce qu'est la musique. L'une, en quelque sorte de style profane, l'autre de style élevé ou grandiloquent. Des kolkhosiens entourés de tracteurs et d'automachines (c'est le terme) dansant avec une gaîté raisonnable (ainsi que l'exige la tenue communiste) aux sons d'une chorale populaire donnerait une image suffisante du premier. Pour l'autre, le style élevé, c'est beaucoup plus compliqué. Ici la musique est appelée à "contribuer à la formation de la personnalité humaine plongée dans le milieu de sa grande époque."

Un des écrivains les plus en vue chez les Soviets, Alexis Tolstoï, ne se gêne pas d'écrire avec le plus grand sérieux à propos de la 5me Symphonie de Chostakowitch: "La musique doit apporter une formule accomplie des tribulations psychologiques de l'homme, elle doit accumuler son énergie.

"C'est ici la 'Symphonie du Socialisme.' Elle débute par le *Largo* des masses travaillant sous terre, un *accellerando* correspond au métro; l'*allegro*, lui, symbolise le gigantesque appareil de fabrique et sa victoire sur la nature. L'*adagio* représente la synthèse de la culture, de la science et de l'art soviétiques. Le *scherzo* reflète la vie sportive des heureux

The present problem of communist Russia, as you certainly understand, is above all a problem of general concepts, that is to say, of a system of comprehending and estimating values. It is the problem of choosing and singling-out the admissible from the inadmissible; a synthesis of experience with its consequences, in other words with its conclusions, which determine the taste and style of all life, of all action. From which I conclude that a general concept is, in truth, not capable of evolving, being in itself a closed circle. One can only remain inside it or step outside it. That is exactly the case with the communistic concept. For those who are held inside the circle, every question, every answer is determined in advance.

To sum up, I should like to say this. According to the present Russian mentality, there are basically two formulas that explain what music is. One kind of music would be in a more or less profane style, the other in an elevated or grandiloquent style. Kolkhosians surrounded by tractors and automachines (that is the term) dancing with a reasonable gaiety (in keeping with the requirements of communist dignity) to the accompaniment of a people's chorus: that will give an adequate picture of the first kind. To do this for the other kind, in elevated style, is far more complicated. Here music is called upon "to contribute to the formation of the human personality imbued with the environment of its great epoch."

One of the writers most esteemed by the Soviets, Alexis Tolstoy, does not hesitate to write with the greatest seriousness in reference to Shostakovich's Fifth Symphony. "Music must present the consummate formulation of the psychological tribulations of mankind, it should accumulate man's energy.

"Here we have the 'Symphony of Socialism.' It begins with the *Largo* of the masses working underground, an *accellerando* corresponds to the subway system; the *Allegro* in its turn symbolizes gigantic factory machinery and its victory over nature. The *Adagio* represents the synthesis of Soviet culture, science, and art. The *Scherzo* reflects the athletic life of the happy inhabitants of the

habitants de l'Union. Quant au *Final*, il est l'image de la reconnaissance et de l'enthousiasme des masses."

Ce que je viens de vous lire n'est pas une boutade de mon cru. C'est la citation textuelle d'un musicologue en vue parue récemment dans un organe communiste officiel. Elle est en son genre un chef d'œuvre accompli de mauvais goût, d'infirmité mentale et de complète désorientation dans l'appréciation des valeurs fondamentales de la vie. Elle n'en est pas moins le résultat (sinon la conséquence) d'un concept obtus. Pour y voir clair, il faudrait s'affranchir.

Quant à moi, vous le comprenez, je considère ces deux formules, ces deux images comme également inadmissibles et les tiens pour un véritable cauchemar. La musique n'est pas plus un "Kolkhose qui danse" qu'une "Symphonie du Socialisme." Ce qu'elle est en réalité, j'ai essayé de vous le dire au cours de mes leçons précédentes.

Ces considérations vous paraissent peut-être pleines d'âpreté et d'amertume. Elles le sont en effet. Mais ce qui prime encore c'est l'étonnement, je dirai même l'ahurissement où m'a toujours plongé le problème des destinées historiques de la Russie, problème qui depuis des siècles a toujours été un mystère.

La grande controverse des "Slavophiles" avec les "Occidentaux" qui est devenue le thème principal de toute la philosophie et de toute la culture russe n'a, pour ainsi dire, rien résolu.

Ces deux systèmes opposés ont également échoué dans le cataclysme de la Révolution.

En dépit de toutes les prévisions du messianisme des "Slavophiles," qui espéraient pour la Russie une voie historique entièrement nouvelle et indépendante de la vieille Europe devant laquelle ils ne s'inclinaient que comme devant une tombe sacrée, la Révolution communiste a jeté la Russie dans les bras du marxisme, système occidental et européen par excellence. Mais, chose effarante, ce système hyper-international subit lui-même assez rapidement une mutation et l'on voit la

Union. As for the *Finale*, it is the image of the gratitude and the enthusiasm of the masses."

What I have just read to you is not a joke which I myself thought up. It is a literal quotation from a musicologist of repute which recently appeared in an official communist organ. It is in its line a consummate masterpiece of bad taste, mental infirmity, and complete disorientation in the recognition of the fundamental values of life. Nor is it any the less the result (if not the consequence) of a stupid concept. To see clearly, one would have to free one's self from it.

As for myself, you will readily understand, I consider these two formulas, these two images, to be equally inadmissible and hold them to be a nightmare. Music is not a "dancing Kholkos" any more than it is a "Symphony of Socialism." What it really is I have tried to tell you in the course of my preceding lessons.

Perhaps these considerations seem to you full of harshness and bitterness. Indeed they are. But what surpasses all else is the amazement, I might even say stupefaction, into which the problem of Russia's historical fate has always plunged me, a problem that has for centuries remained a mystery.

The great controversy of the "Slavophiles" and the "Occidentals" which has become the principal theme of all Russian philosophy and all Russian culture has, so to speak, solved nothing.

Both these opposing systems failed in a like measure in the cataclysm of the Revolution.

In spite of all the Messianic prophecies of the "Slavophiles" — who envisioned for Russia an historic road entirely new and independent of old Europe, before whom these "Slavophiles" bowed down only as before a sacred tomb — the communist Revolution has thrown Russia into the arms of Marxism, an occidental and European system par excellence. But what confounds us completely is that this hyperinternational system is itself quite rapidly under-

Russie retomber dans un style du pire nationalisme et chauvinisme populaire qui la sépare de nouveau et radicalement de la culture européenne.

Cela veut dire qu'après vingt-et-une années de révolution catastrophique, la Russie n'a pas su, n'a pas voulu, n'a pas pu résoudre son grand problème historique. D'ailleurs comment l'aurait-elle fait puisqu'elle n'a jamais été capable de stabiliser sa culture ni de consolider ses traditions? Elle se trouve, comme elle s'est toujours trouvée, à un carrefour, face à l'Europe tout en lui tournant le dos.

Dans les différents cycles de son développement et de ses métamorphoses historiques, la Russie s'est toujours trahie elle-même, elle a toujours sapé les bases de sa propre culture et a profané les valeurs de ses étapes antécédentes.

Et lorsqu'il lui arrive maintenant, par nécessité, de reprendre ses traditions, elle se suffit de leur schéma, sans comprendre que leur valeur intrinsèque, leur vie même ont complètement disparu. C'est là le nœud de cette grande tragédie.

Un *renouvellement* n'est fécond que lorsqu'il va de pair avec la *tradition*. La dialectique vivante veut que renouvellement et tradition se développent et se confirment dans un processus simultané. Or, la Russie n'a vu que *conservatisme* sans *renouvellement* ou *révolution* sans *tradition*, d'où ce chancellement gigantesque au-dessus du vide qui m'a toujours donné le vertige.

Ne vous étonnez pas de m'entendre terminer cette leçon par des considérations aussi générales; mais, en tout état de cause, l'art n'est pas et ne peut être "une superstructure établie sur les bases de la production" selon le vœu des marxistes. L'art est une réalité ontologique et, pour essayer de comprendre le phénomène de la musique russe, je n'ai pu m'empêcher de généraliser mon analyse.

Sans doute, le peuple russe est-il l'un des plus doués qui soient pour la musique. Malheureusement, si le Russe sait raisonner, la méditation et la spéculation ne sont guère son

going transformation, and we see Russia falling back into an attitude of the worst sort of nationalism and popular chauvinism which once more separates it radically from European culture.

This means that after twenty-one years of catastrophic revolution, Russia could not and would not solve its great historical problem. Besides, how would she ever have accomplished this when she has never been capable of stabilizing her culture nor of consolidating her traditions? She finds herself, as she has always found herself, at a crossroads, facing Europe, yet turning her back upon it.

In the different cycles of its development and historical metamorphoses, Russia has ever been untrue to herself, she has always sapped the foundations of her own culture and profaned the values of the phases that have gone before.

And now that it comes about, through necessity, that she is once more taking up her traditions, she is content with their mere simulacrum without understanding that their intrinsic value, their very life have completely disappeared. That is the crux of this great tragedy.

A *renewal* is fruitful only when it goes hand in hand with *tradition*. Living dialectic wills that renewal and tradition shall develop and abet each other in a simultaneous process. Now Russia has seen only *conservatism* without *renewal* or *revolution* without *tradition*, whence arises the terrifying reeling over the void that has always made my head swim.

Do not be surprised to hear me terminate this lesson with such general considerations; but, whatever the case may be, art is not and cannot be "a superstructure based on conditions of production" in accordance with the wishes of the Marxists. Art is an ontological reality and, in attempting to understand the phenomenon of Russian music, I could not avoid making my analysis more general.

Without doubt the Russian people are among those most gifted for music. Unfortunately, though the Russian may know how to reason, cogitation and speculation are hardly his strong points. Now,

fait. Or, sans système spéculatif, et faute d'un ordre défini de méditation, la musique n'a pas de valeur, pas même d'existence en tant qu'art.

Si le chancellement historique de la Russie me désoriente jusqu'au vertige, les perspectives de l'art musical russe ne me déconcertent pas moins. Car l'art suppose une culture, un élevage, une stabilité intégrale de l'intellect, et la Russie de ce temps n'en a jamais été plus dépourvue.

without a speculative system, and lacking a well-defined order in cogitation, music has no value, or even existence, as art.

If the reeling of Russia through the course of history disorients me to the point of making my head swim, the perspectives of Russian musical art disconcert me no less. For art presupposes a culture, an upbringing, an integral stability of the intellect, and Russia of today has never been more completely devoid of these.

DE L'EXÉCUTION ET ÉPILOGUE

IL IMPORTE de distinguer deux moments, ou plutôt deux états de la musique: la musique en puissance et la musique en acte. Fixée sur le papier ou retenue par la mémoire, elle préexiste à son exécution, différente en ceci de tous les autres arts, de même qu'elle s'en distingue, comme nous l'avons vu, par les modalités qui président à sa perception.

L'entité musicale présente donc cette étrange singularité de revêtir deux aspects, d'exister tour à tour et distinctement sous deux formes, séparées l'une de l'autre par le silence du néant. Cette nature particulière de la musique commande sa vie propre et ses retentissements dans l'ordre social, puisqu'elle suppose deux espèces de musiciens: le créateur et l'exécutant.

Notons en passant que l'art du théâtre, qui comporte la composition d'un texte et sa traduction verbale et visuelle, pose un problème analogue, sinon semblable; car une distinction s'impose: le théâtre s'adresse à notre entendement en faisant appel tout ensemble à la vue et à l'ouïe. Or la vue est de tous nos sens le plus lié à l'intellect et l'ouïe est sollicitée en l'espèce par le langage articulé, véhicule d'images et de concepts. En sorte que le lecteur d'un ouvrage dramatique imagine plus aisément ce que peut être sa représentation que le lecteur d'une partition ce que peut donner le jeu instrumental. Et l'on s'explique aisément qu'il y ait beaucoup moins de lecteurs de partitions d'orchestre que de lecteurs de livres sur la musique.

Par ailleurs, le langage musical est strictement limité par sa notation. L'acteur dramatique se trouve ainsi beaucoup plus

SIXTH LESSON

THE PERFORMANCE OF MUSIC

I T IS NECESSARY to distinguish two moments, or rather two states of music: potential music and actual music. Having been fixed on paper or retained in the memory, music exists already prior to its actual performance, differing in this respect from all the other arts, just as it differs from them, as we have seen, in the categories that determine its perception.

The musical entity thus presents the remarkable singularity of embodying two aspects, of existing successively and distinctly in two forms separated from each other by the hiatus of silence. This peculiar nature of music determines its very life as well as its repercussions in the social world, since it presupposes two kinds of musicians: the creator and the performer.

Let us note in passing that the art of the theater which requires the composition of a text and its translation into oral and visual terms, poses a similar, if not absolutely identical, problem; for there is a distinction that cannot be ignored: the theater appeals to our understanding by addressing itself simultaneously to sight and hearing. Now of all our senses sight is the most closely allied to the intellect, and hearing is appealed to in this case through articulated language, the vehicle for images and concepts. So the reader of a dramatic work can more easily imagine what its actual presentation would be like than the reader of a musical score can imagine how the actual instrumental playing of the score would sound. And it is easy to see why there are far fewer readers of orchestral scores than there are readers of books about music.

In addition, the language of music is strictly limited by its notation. The dramatic actor thus finds he has much more latitude in

libre à l'égard du *Chronos* et de l'intonation que le chanteur, lequel est étroitement soumis au *tempo* et au *mélos*.

Cette sujétion, dont s'impatiente si souvent le cabotinage de certains solistes est au cœur de la question que nous nous proposons de traiter maintenant: celle de l'exécutant et de l'interprète.

La notion d'interprétation sous-entend les limites qui sont imposées à l'exécutant ou que celui-ci s'impose à lui-même dans son exercice propre, qui revient à transmettre la musique à l'auditeur.

La notion d'exécution implique la stricte réalisation d'une volonté explicite et qui s'épuise dans ce qu'elle ordonne.

Le conflit de ces deux principes — exécution et interprétation — est à la racine de toutes les erreurs, de tous les péchés, de tous les malentendus qui s'interposent entre l'œuvre et l'auditeur, et qui altèrent la bonne transmission du message.

Chaque interprète se double nécessairement d'un exécutant. La réciproque n'est pas vraie. Procédant non par ordre de préséance, mais par ordre de succession, nous allons d'abord parler de l'exécutant.

Il est bien entendu que je place l'exécutant devant une musique écrite où la volonté de l'auteur est explicite et ressort d'un texte correctement établi. Mais, si scrupuleusement notée que soit une musique, et si bien garantie contre toute équivoque par l'indication des *tempi*, nuances, liaisons, accentuations, etc., elle contient toujours des éléments secrets qui se refusent à la définition, car la dialectique verbale est impuissante à définir entièrement la dialectique musicale. Ces éléments dépendent donc de l'expérience, de l'intuition, du talent en un mot, de celui qui est appelé à présenter la musique.

Ainsi donc, à la différence de l'artisan des arts plastiques, dont l'œuvre achevée se présente toujours identique à elle-même aux yeux du public, le compositeur court une périlleuse aventure chaque fois qu'il fait entendre sa musique, puisque la

regard to *chronos* and intonation than does the singer who is tightly bound to *tempo* and *melos.*

This subjection, that is often so trying to the exhibitionism of certain soloists, is at the very heart of the question that we propose to take up now: the question of the executant and the interpreter.

The idea of interpretation implies the limitations imposed upon the performer or those which the performer imposes upon himself in his proper function, which is to transmit music to the listener.

The idea of execution implies the strict putting into effect of an explicit will that contains nothing beyond what it specifically commands.

It is the conflict of these two principles — execution and interpretation — that is at the root of all the errors, all the sins, all the misunderstandings that interpose themselves between the musical work and the listener and prevent a faithful transmission of its message.

Every interpreter is also of necessity an executant. The reverse is not true. Following the order of succession rather than of precedence, we shall first consider the executant.

It is taken for granted that I place before the performer written music wherein the composer's will is explicit and easily discernible from a correctly established text. But no matter how scrupulously a piece of music may be notated, no matter how carefully it may be insured against every possible ambiguity through the indications of *tempo*, shading, phrasing, accentuation, and so on, it always contains hidden elements that defy definition, because verbal dialectic is powerless to define musical dialectic in its totality. The realization of these elements is thus a matter of experience and intuition, in a word, of the talent of the person who is called upon to present the music.

Thus, in contrast to the craftsman of the plastic arts, whose finished work is presented to the public eye in an always identical form, the composer runs a perilous risk every time his music is played, since

bonne présentation de son œuvre dépend chaque fois de ces facteurs imprévisibles, impondérables, qui entrent dans la composition des vertus de fidélité et de sympathie, sans lesquelles l'œuvre sera tantôt méconnaissable, tantôt inerte, et trahie dans tous les cas.

Entre l'exécutant purement et simplement pris comme tel et l'interprète proprement dit, il existe une différence de nature qui est d'ordre éthique plutôt que d'ordre esthétique et qui pose un cas de conscience: théoriquement, on ne peut exiger de l'exécutant que la traduction matérielle de sa partie qu'il assurera de bon gré ou de mauvaise humeur, alors qu'on est en droit d'obtenir de l'interprète, outre la perfection de cette traduction matérielle, une complaisance amoureuse — ce qui ne veut pas dire une collaboration subreptice ou délibérément affirmée.

Le péché contre l'esprit de l'œuvre, commence toujours par un péché contre la lettre et conduit à ces éternels errements qu'une littérature du pire goût et toujours florissante s'ingénie à autoriser. Moyennant quoi le *crescendo* commande toujours, comme on sait, l'accélération du mouvement, tandis qu'un ralentissement ne manque jamais d'accompagner le *diminuendo.* On raffine sur le superflu; on recherche délicatement le *piano, piano pianissimo*; on se fait gloire d'obtenir la perfection des nuances inutiles — souci qui va généralement de pair avec un mouvement inexact. . . .

Autant de pratiques chères aux esprits superficiels, toujours avides et toujours satisfaits d'un succès immédiat et facile qui flatte la vanité de celui qui l'obtient et pervertit le goût de ceux qui l'applaudissent. Combien de fructueuses carrières se sont fondées sur de telles pratiques! Combien de fois ai-je été la victime de ces attentions déplacées de la part d'abstracteurs de quintessences, qui perdent du temps à subtiliser sur un pianissimo, sans même s'apercevoir de fautes d'exécution grossières! Exceptions, dira-t-on. Les mauvais interprètes ne doivent pas

the competent presentation of his work each time depends on the unforeseeable and imponderable factors that go to make up the virtues of fidelity and sympathy, without which the work will be unrecognizable on one occasion, inert on another, and in any case betrayed.

Between the executant pure and simple and the interpreter in the strict sense of the word, there exists a difference in make-up that is of an ethical rather than of an aesthetic order, a difference that presents a point of conscience: theoretically, one can only require of the executant the translation into sound of his musical part, which he may do willingly or grudgingly, whereas one has the right to seek from the interpreter, in addition to the perfection of this translation into sound, a loving care — which does not mean, be it surreptitious or openly affirmed, a recomposition.

The sin against the spirit of the work always begins with a sin against its letter and leads to the endless follies which an ever-flourishing literature in the worst taste does its best to sanction. Thus it follows that a *crescendo*, as we all know, is always accompanied by a speeding up of movement, while a slowing down never fails to accompany a *diminuendo*. The superfluous is refined upon; a *piano*, *piano pianissimo* is delicately sought after; great pride is taken in perfecting useless nuances — a concern that usually goes hand in hand with inaccurate rhythm . . .

These are just so many practices dear to superficial minds forever avid for, and satisfied with, an immediate and facile success that flatters the vanity of the person who obtains it and perverts the taste of those who applaud it. How many remunerative careers have been launched by such practices! How many times have I been the victim of these misdirected attentions from abstractors of quintessences who waste time splitting hairs over a *pianissimo*, without so much as noticing egregious blunders of rendition! Exceptions, you may say. Bad interpreters should not make us forget the good ones.

faire oublier les bons. Je l'accorde, en notant toutefois que les mauvais sont le nombre, et que les virtuoses qui servent vraiment et loyalement la musique sont beaucoup plus rares que ceux qui se servent d'elle pour s'établir dans la commodité d'une carrière.

Les principes si répandus qui commandent, en particulier, l'interprétation des maîtres romantiques, font de ces musiciens les victimes désignées des attentats dont nous parlons. L'interprétation de leurs œuvres est commandée par des considérations extra-musicales tirées des amours ou des malheurs de la victime. On épilogue gratuitement sur le titre du morceau. Au besoin on lui en impose un, pour des raisons de haute fantaisie. Je pense à la sonate de Beethoven qui n'est jamais désignée autrement que sous le titre de "Sonate au clair de lune" sans qu'on puisse savoir pourquoi; à la valse, où l'on veut absolument recueillir *les Adieux* de Frédéric Chopin.

Ce n'est évidemment pas sans raison que les pires interprètes s'attaquent de préférence aux Romantiques. Les éléments extrinsèques à la musique qui s'y trouvent répandus prêtent aisément à la trahison, alors qu'une page où la musique ne prétend rien exprimer au delà d'elle-même résiste mieux aux entreprises de déformation littéraire. On ne voit pas très bien comment un pianiste pourrait fonder sa réputation en prenant Haydn pour cheval de bataille. Telle est sans doute la raison pour laquelle ce grand musicien n'a pas acquis auprès de nos interprètes une renommée qui soit à la mesure de sa valeur.

A l'égard de l'interprétation, le siècle dernier nous a laissé dans son lourd héritage une espèce curieuse et particulière de soliste, sans précédent dans le lointain passé et que l'on nomme le chef d'orchestre.

C'est la musique romantique qui a démesurément enflé la personnalité du *Kapellmeister*, au point de lui conférer, avec le prestige dont il jouit de nos jours sur le *podium* qui à lui seul le désigne au regard, le pouvoir discrétionnaire qu'il exerce sur la

I agree — noting, however, that the bad ones are in the majority and that the virtuosos who serve music faithfully and loyally are much rarer than those who, in order to get settled in the comfortable berth of a career, make music serve them.

The widespread principles that govern the interpretation of the romantic masters in particular make these composers the predestined victims of the criminal assaults we are speaking about. The interpretation of their works is governed by extramusical considerations based on the loves and misfortunes of the victim. The title of a piece becomes an excuse for gratuitous hindthought. If the piece has none, a title is thrust upon it for wildly fanciful reasons. I am thinking of the Beethoven sonata that is never designated otherwise than by the title of "The Moonlight Sonata" without anyone ever knowing why; of the waltz in which it is mandatory to find Frederick Chopin's "Farewell."

Obviously, it is not without a reason that the worst interpreters usually tackle the Romantics. The musically extraneous elements that are strewn throughout their works invite betrayal, whereas a page in which music seeks to express nothing outside of itself better resists attempts at literary deformation. It is not easy to conceive how a pianist could establish his reputation by taking Haydn as his war-horse. That is undoubtedly the reason why that great musician has not won a renown among our interpreters that is in keeping with his true worth.

In regard to interpretation, the last century left us in its ponderous heritage a curious and peculiar species of soloist without precedent in the distant past — a soloist called the orchestra leader.

It was romantic music that unduly inflated the personality of the *Kapellmeister* even to the point of conferring upon him — along with the prestige that he today enjoys on his podium, which in itself concentrates attention upon him — the discretionary power that he

musique confiée à ses soins. Juché sur son trépied sibyllin, il impose aux compositions qu'il conduit ses mouvements, ses nuances particulières et se trouve amené à parler avec une naïve impudence de ses spécialités, de *sa* cinquième, de *sa* septième, comme un cuisinier vante un plat de sa façon. On pense, en l'entendant parler, aux écriteaux qui recommandent un relai gastronomique aux automobilistes: "chez un tel, sa cave, ses plats cuisinés."

Rien de pareil ne se présentait autrefois, en des époques qui pourtant connaissaient déjà comme la nôtre l'arrivisme et la tyrannie des virtuoses, instrumentistes ou *prime donne*, mais qui ne souffraient pas encore de cette concurrence et de cette pléthore de chefs d'orchestre qui aspirent presque tous à la dictature de la musique.

Ne croyez pas que j'exagère: un mot qui m'a été conté il y a quelques années montre bien l'importance que le chef d'orchestre a fini par prendre dans les préoccupations du monde musical. On rapportait un jour à quelqu'un qui présidait aux destinées d'une grande agence de concerts, le succès qu'obtenait en Russie soviétique ce fameux orchestre sans chef dont nous avont déjà parlé: "Cela ne rime pas à grand chose, déclara la personne en question et ne m'intéresse pas. Ce qui m'intéresserait ce n'est pas l'orchestre sans chef, mais le chef sans orchestre. . . ."

Qui dit interprète dit traducteur et ce n'est pas sans raison qu'un célèbre dicton italien en forme de jeu de mots assimile la traduction à la trahison.

Les chefs d'orchestre, les chanteurs, les pianistes, tous les virtuoses devraient savoir ou se souvenir que la premier condition que doit remplir celui qui aspire au titre prestigieux d'interprète, est d'être d'abord un infaillible exécutant. Le secret de la perfection réside avant tout dans la conscience de la loi que lui impose l'œuvre qu'il exécute. Et nous voici revenus au grand thème de la soumission que nous avons si

exerts over the music committed to his care. Perched on his sibylline tripod, he imposes his own movements, his own particular shadings upon the compositions he conducts, and he even reaches the point of talking with a naïve impudence of his specialties, of *his* fifth, of *his* seventh, the way a chef boasts of a dish of his own concoction. Hearing him speak, one thinks of the billboards that recommend eating places to automobilists: "At so-and-so's restaurant, his wines, his special dishes."

There was never anything like it in the past, in times that nevertheless already knew as well as our time go-getting and tyrannical virtuosos, whether instrumentalists or prima donnas. But those times did not yet suffer from the competition and plethora of conductors who almost to a man aspire to set up a dictatorship over music.

Do not think I am exaggerating. A quip that was passed on to me some years ago clearly shows the importance which the conductor has come to take on in the preoccupations of the musical world. One day a person who presides over the fortunes of a big concert agency was being told about the success obtained in Soviet Russia by that famous conductorless orchestra of which we have already spoken: "That doesn't make much sense," declared the person in question, "and it doesn't interest me. What I'd really be interested in is not an orchestra without a conductor, but a conductor without an orchestra."

To speak of an interpreter means to speak of a translator. And it is not without reason that a well-known Italian proverb, which takes the form of a play on words, equates translation with betrayal.

Conductors, singers, pianists, all virtuosos should know or recall that the first condition that must be fulfilled by anyone who aspires to the imposing title of interpreter, is that he be first of all a flawless executant. The secret of perfection lies above all in his consciousness of the law imposed upon him by the work he is performing. And here we are back at the great principle of submission that we have

souvent évoqué au cours de nos leçons. Cette soumission exige une souplesse qui requiert elle-même, avec la maîtrise technique, un sens de la tradition et, brochant sur le tout, une culture aristocratique qui n'est pas entièrement susceptible d'acquisition.

Cette soumission et cette culture que nous exigeons du créateur, il est bien juste et naturel de l'exiger aussi de l'interprète. L'un et l'autre y trouveront d'ailleurs la liberté à l'extrême de la rigueur et, en dernière analyse, sinon en première instance, le succès — le vrai succès, récompense légitime des interprètes qui, dans l'expression de la plus brillante virtuosité, conservent cette modestie du geste et cette sobriété de l'expression qui est la marque des artistes de race.

J'ai dit quelque part qu'il ne suffisait pas d'entendre la musique, mais qu'il fallait encore la voir. Que dire de la mauvaise éducation de ces grimaciers qui s'accordent trop souvent la mission de délivrer le message de la musique en le défigurant par leurs simagrées. Car, je le répète, la musique se voit. Un œil expérimenté suit et juge, parfois à son insu, le moindre geste de l'exécutant. De ce point de vue on peut concevoir le processus de l'exécution comme une création de valeurs nouvelles qui postulent la solution de questions analogues à celles qui se posent dans le domaine de la chorégraphie; ici et là nous sommes attentifs à la régulation du geste. Le danseur est un orateur qui parle un langage muet. L'instrumentiste est un orateur qui parle un langage inarticulé. A l'un comme à l'autre, la musique impose une stricte tenue. Car la musique ne se meut pas dans l'abstrait. Sa traduction plastique exige de l'exactitude et de la beauté: les cabotins ne le comprennent que trop bien.

Cette belle présentation, qui fait correspondre l'harmonie d'un spectacle à la perfection du jeu sonore ne réclame pas seulement de l'exécutant une bonne instruction musicale, mais une extrême familiarité de cet exécutant, qu'il soit chanteur,

so often invoked in the course of our lessons. This submission demands a flexibility that itself requires, along with technical mastery, a sense of tradition and, commanding the whole, an aristocratic culture that is not merely a question of acquired learning.

This submissiveness and culture that we require of the creator, we should quite justly and naturally require of the interpreter as well. Both will find therein freedom in extreme rigor and, in the final analysis, if not in the first instance, success — true success, the legitimate reward of the interpreters who in the expression of their most brilliant virtuosity preserve that modesty of movement and that sobriety of expression that is the mark of thoroughbred artists.

I said somewhere that it was not enough to hear music, but that it must also be seen. What shall we say of the ill-breeding of those grimacers who too often take it upon themselves to deliver the "inner meaning" of music by disfiguring it with their affected airs? For, I repeat, one sees music. An experienced eye follows and judges, sometimes unconsciously, the performer's least gesture. From this point of view one might conceive the process of performance as the creation of new values that call for the solution of problems similar to those which arise in the realm of choreography. In both cases we give special attention to the control of gestures. The dancer is an orator who speaks a mute language. The instrumentalist is an orator who speaks an unarticulated language. Upon one, just as upon the other, music imposes a strict bearing. For music does not move in the abstract. Its translation into plastic terms requires exactitude and beauty: the exhibitionists know this only too well.

The beautiful presentation that makes the harmony of what is seen correspond to the play of sounds demands not only good musical instruction on the part of the performer, but also requires a complete familiarity on his part, whether singer, instrumentalist,

instrumentiste ou chef d'orchestre avec le style des œuvres qui lui sont confiées. Un goût très sûr des valeurs expressives et de leurs limites, un sens certain de ce qui va sans dire; en un mot une éducation, non seulement de l'oreille, mais de l'esprit.

Cette éducation ne saurait s'acquérir dans les écoles de musique et les conservatoires, qui n'ont pas pour objet d'enseigner les belles manières: à peine si un maître de violon fait remarquer à ses élèves qu'il est malséant de tenir, en jouant, les jambes trop écartées.

Il n'en est pas moins singulier que cette sorte d'éducation ne soit instituée nulle part dans le monde. Alors que toutes les activités sociales sont régies par un code de la bienséance et du savoir-vivre, les exécutants en sont encore, le plus souvent, à ignorer les préceptes élémentaires de la civilité musicale, c'est-à-dire d'un *savoir-vivre* musical, puéril et honnête.

La Passion selon Saint Mathieu de Jean-Sébastien Bach est écrite pour un ensemble de musique de chambre. Sa première exécution, du vivant de Bach, fut assurée par un effectif de trente-quatre musiciens, solistes et choristes compris. On le sait. Et néanmoins on n'hésite pas de nos jours à présenter l'œuvre, au mépris de la volonté de son auteur, en faisant appel à des centaines d'exécutants qui approchent parfois le millier. Cette méconnaissance des obligations de l'interprète, cet orgueil du nombre, cette concupiscence du multiple trahissent un manque complet d'éducation musicale.

L'absurdité d'une telle pratique est en effet criante à tous égards, et d'abord du point de vue acoustique. Car il n'est pas suffisant que le son parvienne à l'oreille du public: encore faut-il considérer dans quelle condition, dans quel état il y parvient. Quand la musique n'a pas été conçue pour une grande masse d'exécutants, quand son auteur n'a pas voulu produire d'effets dynamiques massifs, quand le cadre est disproportionné aux dimensions de l'ouvrage, la multiplication des effectifs ne peut produire que des effets désastreux.

or conductor, with the style of the works that are entrusted to him; a very sure taste for expressive values and for their limitations, a secure sense for that which may be taken for granted — in a word, an education not only of the ear, but of the mind.

Such an education cannot be acquired in the schools of music and the conservatories, for the teaching of fine manners is not their object: very rarely does a violin teacher even point out to his pupils that it is ill-becoming when playing, to spread one's legs too far apart.

It is nonetheless strange that such an educational program is nowhere put into effect. Whereas all social activities are regulated by rules of etiquette and good breeding, performers are still in most cases entirely unaware of the elementary precepts of musical civility, that is to say of *musical good breeding* — a matter of common decency that a child may learn . . .

The *Saint Matthew's Passion* by Johann Sebastian Bach is written for a chamber-music ensemble. Its first performance in Bach's lifetime was perfectly realized by a total force of thirty-four musicians, including soloists and chorus. That is known. And nevertheless in our day one does not hesitate to present the work, in complete disregard of the composer's wishes, with hundreds of performers, sometimes almost a thousand. This lack of understanding of the interpreter's obligations, this arrogant pride in numbers, this concupiscence of the many, betray a complete lack of musical education.

The absurdity of such a practice is in point of fact glaring in every respect, and above all from the acoustic point of view. For it is not enough that the sound reach the ear of the public; one must also consider in what condition, in what state the sound is received. When the music was not conceived for a huge mass of performers, when its composer did not want to produce massive dynamic effects, when the frame is all out of proportion to the dimensions of the work, multiplication of the number of participant performers can produce only disastrous effects.

Le son, tout comme la lumière, a des actions différentes, selon la distance qui sépare le lieu d'où on l'émet du point où on le reçoit. Une masse d'exécutants placée sur une estrade, occupe une surface d'autant plus grande que cette masse est plus importante. A augmenter le nombre des points d'émission, on augmente les distances qui les séparent les uns des autres et de l'auditeur. En sorte que plus on multiplie ces points d'émission, plus la réception sera confuse.

Dans tous les cas, les doublures de parties alourdissent la musique et constituent un péril qui ne peut être évité qu'en procédant avec un tact infini. De telles additions nécessitent un dosage subtil et délicat qui suppose lui-même un goût des plus sûrs et une culture déliée.

On croit souvent qu'on peut accroître indéfiniment la puissance en multipliant les doublures, ce qui est complètement faux: épaissir n'est pas fortifier. Dans une certaine mesure et jusqu'à un certain point, le redoublement peut donner l'illusion de la force en déterminant une réaction d'ordre psychologique sur l'auditeur. La sensation de choc simule l'effet de puissance et contribue à établir un équilibre relatif entre les masses en présence. Il y aurait bien à dire à ce propos sur l'équilibre des forces de l'orchestre moderne qui s'explique plutôt par nos habitudes d'oreille qu'il ne se justifie par l'exactitude des proportions.

Ce qui est certain, c'est qu'au delà d'un certain degré d'extension, l'impression d'intensité diminue au lieu d'augmenter et ne fait qu'émousser la sensation.

Les musiciens devraient se rendre compte, comme les techniciens de la publicité, qu'il en est de leur art comme de l'art de l'affiche: l'enflure du son ne retient pas l'oreille, de même que de trop grandes lettres n'attachent pas le regard.

Toute création tend à se déborder. Son œuvre achevée, le créateur éprouve nécessairement le besoin de faire partager sa joie. Il cherche naturellement à entrer en contact avec son pro-

Sound, exactly like light, acts differently according to the distance that separates the point of emission from the point of reception. A mass of performers situated on a platform occupies a surface that becomes proportionately larger as the mass becomes more sizable. By increasing the number of points of emission one increases the distances that separate these points from one another and from the hearer. So that the more one multiplies the points of emission, the more blurred will reception be.

In every case the doubling of parts weighs down the music and constitutes a peril that can be avoided only by proceeding with infinite tact. Such additions call for a subtle and delicate proportioning that itself presupposes the surest of tastes and a discriminating culture.

It is often believed that power can be increased indefinitely by multiplying the doubling of orchestral parts — a belief that is completely false: thickening is not strengthening. In a certain measure and up to a certain point, doubling may give the illusion of strength by effecting a reaction of a psychological order on the listener. The sensation of shock simulates the effect of power and helps to establish an illusion of balance between the sounding tonal masses. A good deal might be said in this connection about the balance of forces in the modern orchestra, a balance which is more easily explained by our aural habits than it is justified by exactness of proportions.

It is a positive fact that beyond a certain degree of extension the impression of intensity diminishes instead of increases and succeeds only in dulling the sensation.

Musicians should come to realize that for their art the same holds true as for the art of the billboard: that the blowing-up of sound does not hold the ear's attention — just as the advertising expert knows that letters which are too large do not attract the eye.

A work of art cannot contain itself. Once he has completed his work, the creator necessarily feels the need to share his joy. He quite naturally seeks to establish contact with his fellow man, who in this

chain, qui devient ici son auditeur. L'auditeur réagit et devient le partenaire du jeu institué par le créateur. Rien de moins; rien de plus. Le fait que le partenaire est libre d'accepter ou de refuser d'adhérer au jeu, ne l'investit pas pour autant d'une judicature.

La fonction judiciaire suppose un appareil de sanctions dont l'opinion ne dispose pas pour sa part. Et c'est bien abusivement, à mon sens, qu'on érige le public en jury, en lui remettant le soin de se prononcer sur la valeur d'un ouvrage. C'est déjà bien assez qu'il soit appelé à décider de son destin.

Le sort de l'œuvre dépend sans doute, en dernière analyse, du goût du public, des variations de son humeur, de ses habitudes; en un mot de ses préférences, mais non de son jugement comme d'une sentence sans appel.

J'attire votre attention sur ce point si important: considérez d'une part l'effort conscient et la patiente organisation qu'exige la composition d'une œuvre d'art et de l'autre le caractère pour le moins hâtif du jugement nécessairement improvisé qui suit sa présentation. Entre les devoirs de celui qui compose et les droits de ceux qui le jugent la disproportion est criante puisque l'œuvre offerte au public, quelle que soit sa valeur, est toujours le fruit d'études, de raisonnements et de calculs qui impliquent tout le contraire d'une improvisation.

Je me suis assez longuement étendu sur ce thème afin de vous faire mieux voir où résident les véritables relations d'auteur à public par l'intermédiaire de l'exécutant. Vous vous rendrez ainsi mieux compte de la responsabilité morale de ce dernier.

Car c'est seulement par l'exécutant que l'auditeur est mis en contact avec l'œuvre musicale. Pour que le public puisse se rendre compte de ce qu'est et de ce que vaut cette œuvre, il faut d'abord qu'il soit assuré de la valeur de celui qui la lui présente et de la conformité de cette présentation avec la volonté du compositeur.

La tâche de l'auditeur devient particulièrement angoissante quand il s'agit d'une première audition; car l'auditeur, en ce

case becomes his listener. The listener reacts and becomes a partner in the game, initiated by the creator. Nothing less, nothing more. The fact that the partner is free to accept or to refuse patricipation in the game does not automatically invest him with the authority of a judge.

The judicial function presupposes a code of sanctions which mere opinion does not have at its disposal. And it is quite illicit, to my way of thinking, to set the public up as a jury by entrusting to it the task of rendering a verdict on the value of a work. It is already quite enough that the public is called upon to decide its ultimate fate.

The fate of a work, of course, depends in the final analysis on the public's taste, on the variations of its humor and habits; in a word, on its preferences. But the fate of a work does not depend upon the public's judgment as if it were a sentence without appeal.

I call your attention to this all-important point: consider on the one hand the conscious effort and patient organization that the composing of a work of art requires, and on the other hand the judgment — which is at least hasty and of necessity improvised — that follows the presentation of the work. The disproportion between the duties of the person who composes and the rights of those who judge him is glaring, since the work offered to the public, whatever its value may be, is always the fruit of study, reasoning, and calculation that imply exactly the converse of improvisation.

I have expatiated at some length on this theme in order to make you see more clearly where the true relations between the composer and the public lie, with the performer acting as an intermediary. You will thereby realize more fully the performer's moral responsibility.

For only through the performer is the listener brought in contact with the musical work. In order that the public may know what a work is like and what its value is, the public must first be assured of the merit of the person who presents the work to it and of the conformity of that presentation to the composer's will.

The listener's task becomes especially harrowing where a first hearing is concerned; for the listener in this case has no point of

cas, n'a nulle référence et ne dispose d'aucun élément de comparaison.

Ainsi donc, la première impression, si importante, le contact initial de l'œuvre nouvelle-née avec le public dépend absolument de la valeur d'une présentation qui échappe à tout contrôle.

Telle est donc notre situation devant l'œuvre inédite si la qualité des exécutants qui sont devant nous ne nous garantit pas que l'auteur ne sera pas trahi et que nous ne serons pas trompés.

De tout temps, la formation des élites a assuré dans les rapports sociaux cette garantie préalable qui nous permet de faire crédit aux inconnus qui se présentent à nous sous le couvert de cette parfaite tenue que confère l'éducation. Faute d'une garantie analogue, nos rapports avec la musique seraient toujours décevants. On comprendra, dans ces conditions, pourquoi nous avons si longuement insisté sur l'importance de l'éducation en matière musicale.

Nous avons dit tout à l'heure que l'auditeur était appelé à devenir, en quelque manière, le partenaire du compositeur, ce qui suppose que son instruction et son éducation musicales sont assez développées pour qu'il puisse non seulement saisir les linéaments de l'œuvre dans leur succession, mais encore participer en quelque sorte aux péripéties de son écoulement.

Dans le fait, cette participation active est incontestablement chose rare, comme est rare le créateur au regard de la multitude. Cette participation exceptionnelle apporte au partenaire une jouissance si vive qu'elle l'unit dans une certaine mesure à l'esprit qui a conçu et réalisé l'œuvre qu'il écoute et lui donne l'illusion qu'il s'identifie au créateur. Tel est le sens du fameux adage de Raphaël: comprendre c'est égaler.

Mais ceci est l'exception: le commun des auditeurs, si attentif qu'on le suppose au processus musical, n'en jouit que d'une façon passive.

Il existe malheureusement une autre attitude devant la

reference and possesses no basis for comparison.

And so it comes about that the first impression, which is so important, the first contact of the newborn work with the public, is completely dependent upon the validity of a presentation that eludes all controls.

Such, then, is our situation before an unpublished work when the quality of the performers before us does not guarantee that the composer will not be betrayed and that we shall not be cheated.

In every period the forming of an elite has given us that advance assurance in matters of social relations which permits us to have full confidence in the unknown performers who appear before us under the aegis of that flawless bearing which education bestows. Lacking a guarantee of this kind, our relations with music would always be unsatisfactory. You will understand, the situation being what it is, why we have stressed at such length the importance of education in musical matters.

We have said previously that the listener was, in a way, called upon to become the composer's partner. This presupposes that the listener's musical instruction and education are sufficiently extensive that he may not only grasp the main features of the work as they emerge, but that he may even follow to some degree the changing aspects of its unfolding.

As a matter of fact, such active participation is an unquestionably rare thing, just as the creator is a rare occurrence in the mass of humanity. This exceptional participation gives the partner such lively pleasure that it unites him in a certain measure with the mind that conceived and realized the work to which he is listening, giving him the illusion of identifying himself with the creator. That is the meaning of Raphael's famous adage: to understand is to equal.

But such understanding is the exception; the ordinary run of listeners, no matter how attentive to the musical process one supposes them to be, enjoy music only in a passive way.

Unfortunately, there exists still another attitude towards music

musique que celles de l'auditeur qui s'accorde, se mêle au jeu musical et l'accompagne et de celui qui s'efforce docilement de le suivre: car il faut bien nommer l'indifférence et l'apathie. C'est le fait des snobs, des faux dilettantes qui ne voient dans un concert ou une représentation que l'occasion d'applaudir un grand chef d'orchestre ou un virtuose en renom. Il suffit de regarder un instant ces "faces grises d'ennui" selon l'expression de Claude Debussy, pour mesurer le pouvoir qu'a la musique de frapper d'une espèce de stupidité les malheureux qui l'écoutent sans l'entendre. Ceux d'entre vous qui m'ont fait l'honneur de lire les *Chroniques de ma vie*, se souviennent peut-être que j'y insiste, à propos de la musique mécanique.

La propagation de la musique par tous les moyens est en soi chose excellente; mais à la répandre sans précautions, en la proposant à tort et à travers au grand public qui n'est pas préparé à l'entendre, on expose ce public à la plus redoutable saturation.

Le temps n'est plus où Jean-Sébastien Bach faisait allègrement un long voyage à pied pour aller entendre Buxtehude. La radio porte aujourd'hui à toute heure du jour et de la nuit la musique à domicile. Elle dispense l'auditeur de tout autre effort que celui de tourner un bouton. Or le sens musical ne peut s'acquérir ni se développer sans exercice. En musique comme en toute chose l'inactivité mène peu à peu à l'ankylose, à l'atrophie des facultés. Ainsi entendue, la musique devient une sorte de stupéfiant qui loin de stimuler l'esprit le paralyse et l'abrutit. En sorte que la même entreprise qui tend à faire aimer la musique en la diffusant toujours davantage, n'obtient souvent pour résultat que d'en faire perdre l'appétit à ceux là même dont elle voulait éveiller l'intérêt et développer le goût.

which differs from both that of the listener who gives himself up to the working out of the music — participating in and following it step by step — and from the attitude of the listener who tries docilely to go along with the music: for we must now speak of indifference and apathy. Such is the attitude of snobs, of false enthusiasts who see in a concert or a performance only the opportunity to applaud a great conductor or an acclaimed virtuoso. One has only to look for a moment at those "faces gray with boredom" as Claude Debussy put it, to measure the power music has of inducing a sort of stupidity in those unfortunate persons who listen to it without hearing it. Those of you who have done me the honor of reading the *Chronicles of My Life* perhaps recall that I stress this matter in regard to mechanically reproduced music.

The propagation of music by all possible means is in itself an excellent thing; but by spreading it abroad without taking precautions, by offering it willy-nilly to the general public which is not prepared to hear it, one lays this public open to the most deadly saturation.

The time is no more when Johann Sebastian Bach gladly traveled a long way on foot to hear Buxtehude. Today radio brings music into the home at all hours of the day and night. It relieves the listener of all effort except that of turning a dial. Now the musical sense cannot be acquired or developed without exercise. In music, as in everything else, inactivity leads gradually to the paralysis, to the atrophying of faculties. Understood in this way, music becomes a sort of drug which, far from stimulating the mind, paralyzes and stultifies it. So it comes about that the very undertaking which seeks to make people like music by giving it a wider and wider diffusion, very often only achieves the result of making the very people lose their appetite for music whose interest was to be aroused and whose taste was to be developed.

ÉPILOGUE

Me voici parvenu au terme de ma tâche. Qu'il me soit permis, avant de l'achever, de vous exprimer la grande satisfaction que j'éprouve à l'idée de l'attention que m'ont prêtée mes auditoires et que j'aime à considérer comme le gage de cette communion que je souhaitais si vivement d'établir entre nous.

C'est cette même communion qui fera l'objet des quelques mots que je voudrais vous dire en guise d'épilogue, à propos du sens de la musique.

Nous avons fait connaissance sous le signe austère de l'ordre et de la discipline. Nous avons affirmé le principe de volonté spéculative qui est à la racine de l'acte créateur. Nous avons étudié le phénomène musical en tant qu'élément de spéculation tiré du son et du temps. Nous avons passé en revue les objets formels du métier musical. Nous avons abordé le problème du style et promené notre regard sur la biographie de la musique. A ce propos, nous avons suivi, à titre d'exemple, les avatars de la musique russe. Nous avons enfin examiné les différents problèmes que pose l'exécution de la musique.

Au cours de ces leçons, je suis revenu à différentes reprises sur la question essentielle qui préoccupe le musicien comme elle sollicite d'ailleurs tout homme animé d'un élan spirituel. Cette question, nous l'avons vu, se ramène toujours et nécessairement à la poursuite de l'un à travers le multiple.

Je me retrouve ainsi, pour finir, devant le problème éternel que suppose toute recherche dans l'ordre de l'ontologie, problème auquel l'homme qui quête sa voie à travers le royaume de la dissimilitude, qu'il soit artisan, physicien, philosophe ou théologien est inévitablement conduit, à raison même de la structure de son entendement.

Oscar Wilde a dit que chaque auteur fait toujours son propre portrait: ce que j'observe chez les autres doit également pouvoir s'observer chez moi. Il semble que l'unité que nous poursuivons

EPILOGUE

So I have come to the end of my task. Permit me, before I conclude, to express the great satisfaction I feel when I think of the attention that my listeners have given me, an attention that I like to consider as the outward sign of the communion that I so eagerly wished to establish between us.

It is this communion that will be, as a kind of epilogue, the subject of the few words which I should like to say to you on the meaning of music.

We became acquainted with each other under the stern auspices of order and discipline. We have affirmed the principle of speculative volition which is at the root of the creative act. We have studied the phenomenon of music as a form of speculation in terms of sound and time. We have passed in review the formal objects of the craft of music. We took up the problem of style and looked over the biography of music. In this connection, by way of example, we followed the avatars of Russian music. Finally we examined the different problems presented by the performance of music.

In the course of these lessons I have on different occasions referred to the essential question that preoccupies the musician, just as it demands the attention of every person moved by a spiritual impulse. This question, we have seen, always and inevitably reverts back to the pursuit of the One out of the Many.

So, in concluding, I once more find myself before the eternal problem implied by every inquiry of an ontological order, a problem to which every man who feels out his way through the realm of dissimilarity — whether he be an artisan, a physicist, a philosopher, or a theologian — is inevitably led by reason of the very structure of his understanding.

Oscar Wilde said that every author always paints his own portrait: what I observe in others must likewise be observable in me. It seems that the unity we are seeking is forged without our knowing it and

se forge à notre insu et s'inscrit dans les limites que nous imposons à notre œuvre. Pour moi, si ma tendance propre m'incite à rechercher la sensation dans sa fraîcheur en écartant le réchauffé, le déjà fait, l'inauthentique en un mot, je n'en suis pas moins convaincu qu'à varier sans cesse la recherche, on n'aboutit qu'à la vaine curiosité. C'est pourquoi je trouve inutile et dangereux de raffiner sur la découverte. Une curiosité que tout sollicite trahit l'appétit de la quiétude dans le multiple. Alors que cet appétit ne peut trouver en fait son aliment dans la dispersion. A développer cet appétit, on ne gagne qu'une fausse faim, une fausse soif: elles sont fausses en effet puisque rien ne peut les apaiser. Comme il est plus naturel et plus salutaire de tendre vers la réalité d'une limite que vers l'infini de la division!

Direz-vous, pour autant, que j'entonne la louange de la monotonie?

L'Aréopagite prétend que plus grande est la dignité des anges dans la hiérarchie céleste, et moins ils disposent de mots; en sorte que le plus élevé de tous ne prononce qu'une seule syllabe. Est-ce là l'exemple d'une monotonie que nous devions redouter?

Au vrai, aucune confusion n'est possible entre la monotonie qui nait du manque de variété et l'unité, qui est une harmonie de variétés, une mesure du multiple.

"La musique," dit le Sage Chinois Seu-ma-Tsen dans ses mémoires, "est ce qui unifie." Ce lien de l'unité ne se noue jamais sans recherche ni sans peine. Mais la nécessité de créer doit emporter tous les obstacles. Je pense ici à la parabole évangélique de la femme sur le point d'enfanter qui "éprouve de la tristesse parce que son heure est venue; mais, lorsqu'elle a donné le jour à l'enfant, elle ne se souvient plus de l'oppression, dans la joie de ce qu'un homme est venu au monde." Cette joie que nous éprouvons quand nous voyons venir à la lumière une chose qui a pris corps par notre opération, comment ne pas céder au besoin irrésistible de la faire partager à nos semblables?

Car l'unité de l'œuvre a sa résonance. Son écho, que perçoit

establishes itself within the limits which we impose upon our work. For myself, if my own tendency leads me to search for sensation in all its freshness by discarding the warmed-over, the hackneyed — the specious, in a word — I am nonetheless convinced that by ceaselessly varying the search one ends up only in futile curiosity. That is why I find it pointless and dangerous to over-refine techniques of discovery. A curiosity that is attracted by everything betrays a desire for quiescence in multiplicity. Now this desire can never find true nourishment in endless variety. By developing it we acquire only a false hunger, a false thirst: they are false, in fact, because nothing can slake them. How much more natural and more salutary it is to strive towards a single, limited reality than towards endless division!

Will you say this is tantamount to singing the praises of monotony?

The Areopagite maintains that the greater the dignity of the angels in the celestial hierarchy, the fewer words they use; so that the most elevated of all pronounces only a single syllable. Is that an example of the monotony we must guard against?

In truth, there is no confusion possible between the monotony born of a lack of variety and the unity which is a harmony of varieties, an ordering of the Many.

"Music," says the Chinese sage Seu-ma-tsen in his memoirs, "is what unifies." This bond of unity is never achieved without searching and hardship. But the need to create must clear away all obstacles. I think at this point of the Gospel parable of the woman in travail who "hath sorrow, because her hour is come: but as soon as she is delivered of the child, she remembereth no more the anguish, for joy that a man is born into the world." How are we to keep from succumbing to the irresistible need of sharing with our fellow men this joy that we feel when we see come to light something that has taken form through our own action?

For the unity of the work has a resonance all its own. Its echo,

notre âme, retentit de proche en proche. L'œuvre accomplie se répand donc pour se communiquer et reflue enfin vers son principe. Le cycle alors est clos. Et c'est ainsi que la musique nous apparaît comme un élément de communion avec le prochain — et avec l'Etre.

caught by our soul, sounds nearer and nearer. Thus the consummated work spreads abroad to be communicated and finally flows back towards its source. The cycle, then, is closed. And that is how music comes to reveal itself as a form of communion with our fellow man — and with the Supreme Being.